思想政治教育研究文库

新时代思想政治教育个体价值及社会实践研究

王瑞娜　主编

光明日报出版社

图书在版编目（CIP）数据

新时代思想政治教育个体价值及社会实践研究 / 王瑞娜主编. -- 北京：光明日报出版社，2021.6

ISBN 978-7-5194-6064-8

Ⅰ.①新… Ⅱ.①王… Ⅲ.①思想政治教育—研究—中国 Ⅳ.①D64

中国版本图书馆 CIP 数据核字（2021）第 083259 号

新时代思想政治教育个体价值及社会实践研究

XINSHIDAI SIXIANG ZHENGZHI JIAOYU GETI JIAZHI JI SHEHUI SHIJIAN YANJIU

主　　编：王瑞娜

责任编辑：史　宁　　　　责任校对：傅泉泽

封面设计：中联华文　　　　责任印制：曹　净

出版发行：光明日报出版社

地　　址：北京市西城区永安路 106 号，100050

电　　话：010-63169890（咨询），010-63131930（邮购）

传　　真：010-63131930

网　　址：http://book.gmw.cn

E - mail：shining@gmw.cn

法律顾问：北京德恒律师事务所龚柳方律师

印　　刷：三河市华东印刷有限公司

装　　订：三河市华东印刷有限公司

本书如有破损、缺页、装订错误，请与本社联系调换，电话：010-63131930

开　　本：170mm×240mm

字　　数：201 千字　　　　印　　张：14

版　　次：2021 年 6 月第 1 版　　　　印　　次：2021 年 6 月第 1 次印刷

书　　号：ISBN 978-7-5194-6064-8

定　　价：89.00 元

前　言

无论在腥风血雨的革命战争年代、轰轰烈烈的社会主义建设时期，还是在波澜壮阔的社会主义改革过程中，思想政治教育都发挥着重要作用。2013 年 8 月，习近平总书记在全国宣传思想工作会议上指出：经济建设是党的中心工作，意识形态工作是党的一项极端重要的工作。这对我们做好思想政治工作具有重要指导作用。思想政治工作作为意识形态工作的重要组成部分，一直发挥着生命线的作用，是团结全党和全国各族人民实现党和国家各项任务的中心环节，是我们党和社会主义国家的重要政治优势。然而，在目前社会主义市场经济条件下，出现了思想政治教育对个体缺乏吸引力、社会实践的作用没有得到充分重视、思想政治教育的有效性不足等问题，这严重影响着思想政治教育价值的实现。

我们知道，思想政治教育是一项专门做人的工作的活动，旨在使人形成正确的思想观念、崇高的理想信念、高尚的道德品质和积极健康的个性心理，也就是促进人的全面发展。但是，在实际的思想政治教育过程中，我们更多地强调思想政治教育的社会价值，即多从社会需要出发，强调思想政治教育如何培养既定社会秩序和道德规范的拥护者，从而来促进社会经济、政治和文化的发展。这当然是必要和必需的。然而，我们却很少谈到思想政治教育的个体价值，即淡化甚至忽视了个体的需要，很少关注思想政治教育在个体成长和发展过程中的意义。这种倾向带来的后果是：一些人对思想政治教育采取冷漠、厌烦、敬而远之的态度，认为思想政治教育是党和国家的事情，与自己无关，更不用说积极参与知、情、信、意、行的思想道德实践过程，甚至会出现“知而不信”“言而不行”“知行不一”的现象。在社会主义市场经济条件下，人的主体性得到不断提升，个体价值得到普遍认同，我们应在把握思想政治教育的个体价值和社会价值辩证统一关系的基础上，充分重视社会实践的作用，突出对思想政治教育个体价值的定位和开发，以最大限度地实现思想政治教育的个体价值，提高思想政治教育的有效性。

思想政治教育的价值问题属于思想政治教育学的基本理论问题。近年来，不少专家、学者对此问题进行了深入的分析和探讨。例如，李德顺教授在 1989 年《思想政治工作研究》上发表了一系列文章，比较全面地介绍了价值论的一般理论问题，他认为：“运用马克思主义哲学发展的新成果——价值理论来观察思想政治工作，是非常必要的。它可以使我们的思想认识有一个升华，思维模式有一个转换，使我们发现和提出一些更深层次、更普遍的问题，从宏观上确立一些新的概念。因此，应该在思想政治工作领域提倡学习一点马克思主义价值理论，并通过实践运用和发展这一理论。”① 他的观点在思想政治

① 李德顺．学习和应用价值理论——价值论与思想政治工作漫谈［J］．思想政治工作研究，1989（1）．

教育学领域引起了较大的反响，对思想政治教育学的研究起到了积极的推动作用。随后，吉林大学的陈秉公教授在其专著中明确指出，思想政治教育的价值是思想政治教育学必须研究的课题，并专门用一节的内容来论述思想政治教育的价值问题。“论述虽然不够深入，但其前沿性问题值得肯定。”① 到了20世纪90年代末，关于思想政治教育价值论的文章逐渐多了起来，但大部分文章是从宏观上对思想政治教育价值研究的意义、思想政治教育价值的形态、思想政治教育价值的特征等方面进行探讨。2001年6月人民出版社出版的《现代思想政治教育学》一书，被认为是思想政治教育价值问题研究取得新突破的标志性成果。在该书的第三章“思想政治教育价值论”中，作者以近四万字的篇幅，从宏观到微观系统论述了思想政治教育价值问题，也较为详细地分析了思想政治教育的个体价值。在论述中，“作者一方面注意吸取我们关于传统的关于思想政治教育价值观的合理内容；另一方面，又站在时代的高度，运用现代科学有关价值论的学术成果，对思想政治教育价值的本质、思想政治教育价值的社会价值和个体价值以及思想政治教育价值的实现等重要问题，进行了深入的理论探讨。这些探讨，使当代思想政治教育价值论跟上了科学发展的步伐”②。从2002年上半年开始，中国人民大学复印资料《思想政治教育》开辟了“思想政治教育价值探索”专栏，转载了思想政治教育价值问题研究的新成果，如《思想政治教育价值评价的合理性》《思

① 项久雨．思想政治教育价值论及其相关研究的现状视域［J］．中国青年政治学院学报，2002（7）．

② 黄钊．探索思想政治教育理论与方法的新成果［N］．中国教育报，2001－08－02.

想政治教育价值与人的价值》《思想政治教育价值论及其相关研究的现状视域》《思想政治教育社会价值的结构及其内核》《需要：思想政治教育价值生成的人性基础》等论文。此外，一些学者开始关注思想政治教育的个体价值，发表了一些论文，如王勤的《论思想政治教育的个体价值》、刘建军的《论思想政治教育的个人价值》、杜庆华的《论合理突出思想政治教育的个人价值》、赖荣珍的《论思想政治教育社会价值和个体价值的统一》等。这些论文从不同的角度对思想政治教育的个体价值问题进行了分析，许多研究成果是值得我们借鉴的。

近年来，理论界对思想政治教育的价值问题进行了深入的研究，在诸如思想政治教育价值研究的意义、思想政治教育价值的本质、思想政治教育价值的形态、思想政治教育价值的实现等方面取得了丰硕的学术成果。其中，很多学者关注思想政治教育的社会价值，并从社会价值实现的角度研究个体价值。然而，对思想政治教育个体价值的系统研究尚不多。本书在借鉴以往研究成果的基础上，分为上篇和下篇。上篇从哲学上的价值概念界定入手，分析了思想政治教育价值的内涵，进而分析了思想政治教育个体价值的内涵及其特征，阐述了思想政治教育个体价值与社会价值的辩证关系，论述了新时期合理突出思想政治教育个体价值的理论基础和现实依据，从教育者和受教育两个层面论述了思想政治教育个体价值的具体体现，剖析了思想政治教育个体价值实现中存在的问题和原因，探讨了实现思想政治教育个体价值的有效途径。下篇在对社会实践和思想政治教育内容、特点等分析和研究的基础上，试图揭示出二者之间存在的内在联系和规律，分析了新形势下我国思想政治教育面临的社会实践挑战，探索了目前我国思想政治教育与社会实践结合的有效途径，以期为新时代进一步加强和改进思想政治教育工作，提高思想政治教育的针对性、亲和力、说服力和感染力，以及为在全面建成小康社会的伟大实践中有效发挥思想政治教育的应有作用提供一些借鉴。

目 录
CONTENTS

上篇　思想政治教育的个体价值研究

下篇　新时代社会实践与思想政治教育的关系研究

上篇 01

思想政治教育的个体价值研究

第一章

思想政治教育个体价值概述

自从人类进入阶级社会以来，思想政治教育就以其特殊的方式在个人的发展过程中演绎着自身的价值逻辑。然而，在相当长的历史时期内，人们对思想政治教育个体价值的认识要么是缺乏深层次的思考；要么是对思想政治教育的个体价值认识不足，视其为思想政治教育社会价值的附庸和装饰品，从而抹杀了思想政治教育对人的生命意义的关注。随着社会主义市场经济的不断完善，人的权利意识、独立意识、主体意识不断增强。在这种条件下，从哲学的高度对思想政治教育的个体价值进行反思，不仅为我们审视新时代的思想政治教育提供了一个新的视角，而且有助于我们全面认识思想政治教育价值，提升思想政治教育的有效性。思想政治教育个体价值的研究是一个系统课题，包含很多方面的内容。思想政治教育个体价值的含义、特征、定位等共同构成了思想政治教育个体价值的基本理论。

一、价值与思想政治教育价值

思想政治教育价值是一般价值的特殊表现形式，是社会价值系统中的一个子系统，因此，在了解思想政治教育价值的含义之前，需要准确把握价值的内涵。

（一）价值概念的一种哲学界定

“价值”的本意是“起掩护和保护作用的、可珍贵的、可尊重的、可重视的”。随着时代的发展，人们对价值的理解也在不断深化。几千年来，中外思想家分别从不同的角度理解价值，为马克思科学地揭示价值的内涵提供了宝贵的思想材料。

在中国，古代哲学涉及价值论的主要问题是义利之争或理欲之争。这场争论差不多贯穿漫长的中国思想史的始终。直到今天，它还是中国人思想论争的核心问题之一。在古代的西方，人们很少使用“价值”一词。古希腊的哲学家一般都使用好、善、美、正义等来表达具体价值，而没有提出一般的价值概念。19世纪后期，以奥地利的布伦坦诺为代表的哲学家们认为，人们一直谈论的好、善、美、正义等问题在根本上是一致的，因而可以在此基础上建立一种一般价值理论。于是，研究价值和价值理论的哲学分支——价值学在西方逐渐兴起。

使“价值”作为一个重要哲学范畴而风行一时的，是西方价值哲学流派。德国价值哲学创始人文德尔班认为，价值是哲学为世界立法的“规范”。价值就是“意味着”，就是具有意义。我们就是借助于这种意义，才能够构造出科学知识和文化的对象，即客观世界。① 李凯尔特继承和发展了文德尔班的价值观，他认为，价值是包括主体客体在内的

① 巴克拉捷．近代德国资产阶级哲学史纲要［M］．涂纪亮，等译．北京：中国社会科学出版社，1980：257.

“现实”世界以外的另一个王国，只有存在的价值的总和，才构成了世界。[①] 总而言之，他们所说的价值，是指现实或世界的意义，或某个主体加给世界之“有意义”的“规范”。实用主义价值学否定价值的客观来源，把真理的价值属性等同于其科学属性或本质属性，并把价值与主观经验联系起来。新托马斯主义价值学，“不把价值归结为一种主观形态的东西，而是归结为神、上帝，归结为一种客观精神”[②]。人格主义价值学把价值归结为人格，即可以脱离具体物质生活条件的伦理道德实体。

现代西方许多流派都致力于价值的研究，他们站在不同的立场上，从不同的角度来解读价值，对价值的理解可谓见仁见智。但是，总的来说，他们对价值的理解可以归纳为以下两种观点：①价值是一种“有效”的观念，是主观假定、主观满意、主观兴趣或主观情感的表达；②价值是一种超现实的规范或理想，是上帝的创造物。由此可见，他们基本上都是以唯心主义为指导来阐释价值概念的，并没有科学地揭示价值的内涵。

马克思主义哲学从主、客体关系的角度来考察价值概念，科学地揭示了价值的本质。马克思指出：“‘价值’这个普遍的概念是从人们对待满足他们需要的外界物的关系中产生的。”[③] 它是“人在把成为满足他的需要的资料的外界物……进行估价，赋予它们以价值或使它们具有

① 巴克拉捷．近代德国资产阶级哲学史纲要［M］．涂纪亮，等译．北京：中国社会科学出版社，1980：260.

② 李连科．价值哲学引论［M］．北京：商务印书馆，1999：44.

③ 中共中央马克思恩格斯列宁斯大林著作编译局．马克思恩格斯全集：第19卷［M］．北京：人民出版社，1963：406.

'价值'属性"[①]。可见，价值并不是反映某种独立存在的实体范畴，而是反映人与外物的关系范畴，它反映的是"客体的存在、作用以及它们的变化对于一定主体需要及其发展的某种适合、接近或一致"[②]。在价值关系中，价值主体是人，价值客体是外界物，价值正是在主客体关系中产生的。一方面，价值离不开主体的需要。价值反映的是主体的需要，主体不需要的东西对一定的主体来说是没有价值的；另一方面，价值也离不开一定的客体的属性。客体只有具有满足主体需要的属性、功能，才能够成为价值客体。由此可见，价值是客体属性对主体需要的满足关系。

（二）思想政治教育价值的概念界定

在对一般价值的内涵进行剖析后，我们来探讨一下思想政治教育价值的含义。目前，学术界对思想政治教育价值的概念问题存在着不同的见解，尚未形成一种统一的界定。关于什么是思想政治教育价值，大致可以归纳为以下三种观点。一是作用说。这种观点认为，思想政治教育价值是思想政治教育活动（思想政治教育价值客体）对于社会成员（思想政治教育主体）的作用或具有的意义，如陈秉公在其所著的《思想政治教育学原理》中指出："思想政治教育的价值是说明思想政治教育的作用和意义的。"[③] 可见，作用说把价值理解为作用和意义。二是关系说。这种观点认为，思想政治教育价值是作为客体的思想政治教育

① 中共中央马克思恩格斯列宁斯大林著作编译局．马克思恩格斯全集：第19卷［M］．北京：人民出版社，1963：409.

② 李德顺．价值论［M］．北京：中国人民大学出版社，1987：13.

③ 陈秉公．思想政治教育学原理［M］．沈阳：辽宁人民出版社，2000：86.

活动及其功能对作为主体的社会与个人需要的满足与否、促进与否的关系。也就是说，思想政治教育价值主要反映的是思想政治教育活动的属性、功能与社会、个人需要之间的关系，如张耀灿等人在其所著的《现代思想政治教育学》中指出："所谓思想政治教育的价值，是人和社会在思想政治教育的实践——认识活动中建立起来的，以主体的思想政治品德形成和发展规律为尺度的一种客观的主客体关系，是思想政治教育的存在及其性质是否与人的本性、目的和发展需要等相一致、相适应、相接近的关系。"① 三是效应说。这种观点认为，思想政治教育价值是作为价值客体的思想政治教育活动对作为价值主体的社会和个人产生的效应，其中包括正效应和负效应。

了解上述不同观点，对于我们科学把握思想政治教育价值的内涵具有一定的借鉴作用。我们认为，作用说和效应说突出的是思想政治教育能够做什么，关系说强调的是思想政治教育活动的属性、功能与社会、个人需要之间的关系。我们知道，价值是反映客体属性与主体需要的关系范畴，那么，思想政治教育价值必然是反映思想政治教育活动的属性、功能与社会、个人需要的关系范畴。在这种关系中，没有价值客体的属性、功能，就无法满足主体的需要，也就无法构成价值关系。同时，价值主体的需要也是不可缺少的，主体不需要的客体属性、功能是没有价值可言的。因此，笔者比较赞同关系说。那么，究竟什么是思想政治教育价值呢？我们认为，思想政治教育价值是指作为客体的思想政治教育活动的属性、功能与作为主体的社会、个人的发展等需要相适

① 张耀灿，郑永廷，刘书林，等．现代思想政治教育学［M］．北京：人民出版社，2001：103.

合、相接近、相一致的关系。这种关系是作为人类社会实践活动重要组成部分的思想政治教育合乎人类社会进步和个人全面发展的目的而呈现出的一种肯定的意义关系。

一般来说，思想政治教育价值的主体包括社会和个人，即处于一定社会历史阶段中的社会集团与个体，因此，思想政治教育价值包括社会价值和个体价值两个方面。思想政治教育的社会价值是指思想政治教育能满足处于一定社会历史阶段中的占统治地位的社会集团的需要，对社会稳定和社会发展所起的作用，主要表现为经济价值、政治价值、文化价值、生态价值和管理价值。思想政治教育的个体价值是指思想政治教育在满足个体需要方面所起的作用。

二、思想政治教育个体价值的内涵及其特征

价值和思想政治教育价值是研究思想政治教育个体价值的逻辑起点。只有深刻理解价值与思想政治教育价值的内涵，才能科学把握思想政治教育个体价值的内涵。

在上面的阐述中，我们知道，价值是一种关系范畴，它指的是客体属性对主体需要的满足关系。思想政治教育价值作为一般价值的一种特殊表现形式，也是一种关系范畴，它是指思想政治教育活动的属性、功能与社会、个人的发展需要等相适合、相接近、相一致的关系。个体价值作为思想政治教育价值的一个子系统，是相对于社会价值而言的，它是指思想政治教育对个体的内在价值，也可称为思想政治教育的人文关怀价值。具体来说，思想政治教育的个体价值是指思想政治教育能满足处于一定教育环境中的教育者和受教育者的需要，在个体成长、发展过

程中所起的作用。

通过以上对思想政治教育个体价值内涵的剖析，结合思想政治教育自身的实践活动，我们不难看出思想政治教育的个体价值具有以下特征。

（一）效用性

思想政治教育个体价值最显著的特征无疑是其效用性，即思想政治教育能够满足个体的某种需要，从而表现出对个体的有用性。当今社会，竞争日益激烈，人不仅需要具有丰富的专业知识，而且需要具有良好的思想素质、政治素质、心理素质，学会自我调适、自我放松，清醒地认识自我、完善自我，从而更好地实现自我。思想政治教育是一种有目的、有计划地培养人、塑造人、提升人的社会活动，在促进人的发展方面发挥着重要作用。

（二）客观性

思想政治教育个体价值的客观性是指思想政治教育个体价值的实际存在性和可感知性。从本体论层面来看，思想政治教育个体价值的客观性在于它的实际存在性。思想政治教育对个体生存和发展所具有的价值最终表现为一种客观事实，不管人们是否意识到或者是否愿意承认，它都是实际存在的，是不以人的意志为转移的。从认识论层面来看，思想政治教育个体价值的客观性在于它的可感知性。思想政治教育对教育者的物质需要和精神需要的满足，在受教育者人格完善和能力提高方面所起的作用是感性的实在，是可以感知的。人们可以在对它感知的基础上，根据一定的价值标准，对其做出合理的评价。

（三）相对性

思想政治教育个体价值的相对性是指思想政治教育的个体价值是一定的思想政治教育客体相对于一定的思想政治教育主体而言的，是具体的、有条件的。思想政治教育个体价值的相对性在阶级社会表现为阶级性。我们知道，思想政治教育是国家或社会群体根据一定的价值观培养其社会成员的社会实践活动。思想政治教育作为一种思想上层建筑必然为一定的经济基础服务并反映一定阶级或社会集团的意志，因此，不同国家、不同社会集团的思想政治教育目标和内容是不同的，对社会成员的要求和评价标准也是不同的。同样一项思想政治教育活动，它对个体有无价值或者价值的大小在不同的社会集团看来是不同的。

（四）有限性

思想政治教育个体价值的有限性主要表现在作用范围上的有限性和应有价值实现的不完全性两个方面。一方面，思想政治教育主要是对个体进行思想教育、政治教育、道德教育、法制教育和心理教育，而个体的需要是多方面的，这在范围上决定了思想政治教育对个体的价值是有限的。可见，思想政治教育并不是包治百病的灵丹妙药，是不能包打天下的。另一方面，思想政治教育的个体价值在很大程度上取决于它对个体进行教育的效果，这既与教育内容和教育方法有关，又与教育环境、教育者的自身素质和受教育者的思想状态、心理素质等因素密切相关。这意味着思想政治教育对个体的实际价值很难达到预期目的。

（五）历史性

思想政治教育的个体价值并不是一成不变的，而是随着时代的发展不断变化的。在不同的时代，教育者和受教育者的需要是不同的，思想政治教育的目标、内容和方法是存在差异的，个人的接受心理是不同的，思想政治教育的个体价值的评价标准也是不同的，这就要求我们随着时代的发展不断调整思想政治教育目标，更新思想政治教育内容，改进思想政治教育方法，以不断满足教育者和受教育者日益发展的需要，从而最大限度地实现思想政治教育的个体价值。

（六）实践性

思想政治教育的个体价值只有在实践中才能得以实现。一方面，思想政治教育的个体价值来源于实践。在实践中，思想政治教育能够满足人的某种需要，提高人的思想道德素质和心理素质，促进人的全面发展，帮助人更好地实现自我。如果离开实践，空谈思想政治教育理论，坐而论道，思想政治教育的个体价值就成为无源之水、无本之木。另一方面，实践是检验思想政治教育的个体价值的唯一标准。思想政治教育个体价值的大小不能用主观认识来检验，只能用实践来检验。离开了实践，思想政治教育的个体价值就会失去客观的评价标准，就会导致思想政治教育的主观随意性。

三、思想政治教育个体价值的科学定位

从理论上讲，思想政治教育价值包括其社会价值和个体价值两个方面。但是，在新中国成立以来相当长的时期内，人们高度重视思想政治教育的社会价值而忽视了其个体价值。在人的主体性不断得到提升的今天，思想政治教育的个体价值日益引起人们的关注。在这种条件下，正确认识和科学定位思想政治教育的个体价值便显得尤为重要。

思想政治教育个体价值的科学定位，就是准确客观地确定个体价值

在思想政治教育价值体系中的地位，其实质是要正确把握思想政治教育的个体价值和社会价值的关系。

思想政治教育是社会或社会群体用一定的思想观念、政治观点、道德规范，对其成员施加有目的、有计划的影响，使其形成与社会发展要求相适应的思想道德品质的社会实践活动。① 它能够满足个体的需要，促进个体的成长和发展，具有个体价值；它也能够满足社会的需要，促进社会经济、政治、文化的发展，具有社会价值。思想政治教育的个体价值和社会价值犹如车之两轮、鸟之两翼，二者是辩证统一的关系。一方面，二者相互依存、相互促进、共同发展。社会价值是个体价值的体现和保障，失去了对社会价值的追求，思想政治教育的个体价值最终也难以实现。人是具体的社会中的人，不可能脱离社会而孤立地存在。思想政治教育通过促进社会经济发展、维护政治稳定与发展、传播并创造先进文化，推动社会的全面、和谐发展，从而为个人的全面发展创造良好的社会环境、提供有效的依托。同时，个体价值是社会价值的前提和基础，社会价值的实现必须建立在个体价值充分实现的基础上。社会是由现实的人组成的，而不是抽象的存在的。虽然社会中的每个个体的目的和意志不尽一致，甚至会发生冲突，但冲突的结果是形成一种“合力”，最终在这种“合力”的推动下，形成社会历史发展的必然趋势。思想政治教育通过引导个体的思想和行为、塑造个体的健全人格、促进个体的思想道德素质和科学文化素质的提高，为社会的发展和进步造就了能动的推动者，从而为思想政治教育的社会价值的实现提供了现实基

① 邱伟光，张耀灿．思想政治教育学原理［M］．北京：高等教育出版社，1999：4.

础。反之，如果思想政治教育的个体价值得不到充分实现，其社会价值就自然会受到削弱。失去了对个体价值的追求，思想政治教育的社会价值的实现只能成为一句空话。另一方面，思想政治教育的个体价值和社会价值相互区别，不能互相取代。思想政治教育的个体价值和社会价值属于两个不同的概念，二者在价值主体、价值表现、具体目标、价值要求和满足方式等方面是存在区别的。个体价值的主体是个体，社会价值的主体是社会；个体价值的价值目标是实现个人的全面自由发展，社会价值的价值目标是促进社会的进步。抹杀二者的区别就会造成思想政治教育理论的混淆和价值的失落。

然而，在实践中，思想政治教育的个体价值和社会价值经常是分离的。在我国长期的思想政治教育实践中，人们更多强调思想政治教育对社会发展和进步的价值，却忽视了思想政治教育对个体发展的价值。不可否认，不论是在我国腥风血雨的革命战争年代、轰轰烈烈的社会主义建设时期，还是在波澜壮阔的社会主义改革过程中，思想政治教育都发挥了生命线的作用。但如果抛开个体价值而孤立地讲思想政治教育的社会价值，思想政治教育将成为与个体毫无关系的外在东西。这样的教育很难满足个体的需要，难以产生强大而持久的学习动力。在社会主义市场经济条件下，人的主体性得到普遍张扬，关注自身、追求个人利益的观念得到广泛认同。在这种条件下，一些人认为，思想政治教育是党和国家的事，与个人关系不大，从而对思想政治教育的热情不足，这将严重影响思想政治教育价值的实现。产生这些问题的原因是多方面的，其中，重视思想政治教育的社会价值而忽视其个体价值的倾向，不能不说是个体对思想政治教育不感兴趣的重要原因。

北京师范大学孙喜亭教授在谈到德育价值时指出：“德育的价值问题，即德育的意义作用功效。长期以来，教育学界在谈德育的意义作用和功效时，多是从社会需求的角度来说明德育的必要价值。一时提出德育要‘为阶级斗争服务’……一时又提出德育要‘为发展生产力服务’两种提法当然不同，但都是从社会需要的角度提出各自的德育任务内容和德育活动的准则，以此来规范约束学生的思想行为，以满足社会的需要。这样虽然有其合理性、现实性，然而不能不看到它的片面性。如果我们从人的价值与德育的角度来审视德育的价值，那么是否可以说，德育的价值就在于提高扩展人的价值，就在于使人活得更有意义，能最大限度地发挥他的创造才能，更有人的尊严，人格更高尚，意识到自我存在的意义。德育最高的价值应是使人的内心达到‘至善’……道德最终目的也是通过协调人际间的关系，规范人们行为的准则，维护社会秩序和安定，以使人生活得更安逸，快乐幸福。人是道德的最终目的。我们这样讲，并不排除德育的社会功效……德育实质是对人的启迪与内化过程，它的价值在于提高人的素质，形成学生的良好的道德内心境界。在此基础上，外化为人的自觉的行动、行为方式，外化为客观效果，以充分发挥其社会功能，表现为德育的社会功效。”① 可见，孙喜亭教授认为，人们不仅应当重视德育的社会价值，而且更应该关注德育的个体价值，德育的最高价值是提升人、完善人，从而使人生活得快乐幸福。这种观点对于我们重新审视思想政治教育的个体价值具有重要的启迪意义。从理论上讲，个体价值是思想政治教育价值体系的重要内容，是现

---

① 孙喜亭．人的价值·教育价值·德育价值（上）[J]．教育研究，1989（5）．

代思想政治教育的题中应有之义和重要目标。从现实来看，随着我国社会主义市场经济的不断完善和政治文明的日益提升，个人的主体意识明显增强，个体价值得到普遍认同。在这种背景下，要充分实现思想政治教育的价值，增强思想政治教育的实效性，我们就必须在把握思想政治教育的个体价值和社会价值辩证统一关系的基础上，突出对思想政治教育的个体价值的定位和开发。

事实证明，从革命战争年代到全面建成小康社会，思想政治教育个体价值与社会价值的有机统一都是非常有必要的。在新民主主义革命时期，由于思想政治教育发挥了生命线的作用，我们在异常艰难的环境中取得了革命的胜利，推翻了帝国主义、官僚资本主义、封建主义三座大山，建立了新中国。同时，新中国的成立促进了个体价值的实现，中国人民从此“站起来了”，成为国家的主人。个体价值的实现也为更好地巩固社会主义制度，实现社会价值奠定了基础。在社会主义建设时期，思想政治教育在调动劳动者积极性方面发挥了重要作用，使我们的社会主义建设涌现出了如孔繁森、向秀丽等大批模范人物，社会主义经济快速发展，人民生活水平不断提高，体现了思想政治教育在促进人与社会发展方面的高度统一。改革开放以来，思想政治教育在促进社会主义市场经济发展和推动深化改革方面发挥了巨大作用，实现了其社会价值。在这个过程中，个人的主体性不断彰显，个性充分张扬，为社会发展带来了活力。在新世纪，社会主义改革进入攻坚阶段，思想政治教育在取得了很多成绩的同时，也在实践中出现了一些问题，如过多强调思想政治教育在维护社会稳定、促进社会发展等方面的社会价值，而忽视了其在关注现实的个人追求等方面的个体价值，导致教育效果的弱化。对思想政治教育的个体价值进行科学定位，实现个体价值和社会价值的有机统一具有重要的理论意义和实践意义。

需要指出的是，我们讲突出对思想政治教育的个体价值的定位和开发，并不是倡导“个体本位论”。“个体本位论”主张完全根据个体的需要来制定思想政治教育目标和组织思想政治教育活动，它片面地否定社会价值，反对社会对个人的影响，割裂了个体价值和社会价值的关系。这里所讲的突出对思想政治教育的个体价值的定位和开发，是针对长期存在的重社会价值而轻个体价值的倾向提出来的，是要在把握思想政治教育的个体价值和社会价值辩证统一关系的基础上，凸显思想政治教育的个体价值，实现思想政治教育个体价值的复归。

四、思想政治教育个体价值研究的本质

思想政治教育个体价值研究的实质是对其存在的合理性的本质判断。具体表现在以下几个方面。第一，理论存在的合理性是通过研究其本身对促进个体成长、育人目标、教育功能实现的一种可能性来体现的，这种可能性为教育及其价值目标的实现提供了合理的解释。思想政治教育只有在促进人的全面发展方面发挥作用，才能为其个体价值的存在提供一个合理的依据。第二，以往的思想政治教育更注重宣传政治观点、维护社会稳定等方面的社会价值，却在一定程度上忽视了其在现实生活中促进个体社会化、实现个人全面自由发展、塑造个体人格等方面的个体价值，这在一定程度上阻碍了思想政治教育有效性的发挥。而思想政治教育有效性的发挥以及发挥的程度又是衡量最终目标实现的尺度。价值本质的研究就是从效果反馈的角度来审视教育的有效性，而思

想政治教育个体价值的研究则成为这个环节的核心标准。第三，思想政治教育的研究对象是处于纷繁复杂的社会关系中的现实的人，人与社会的关系是辩证统一的，从人的生活背景、前途命运、多层次需求出发，满足人的需要、实现人的发展本身就应该是思想政治教育的本质目标与最终价值。总而言之，思想政治教育个体价值的研究是在科学定位其整体有用性的基础上，通过对客体所具有的各项功能进行继承与创新、拓展延伸的基础上，对其自身存在的一种本质判断。

五、思想政治教育个体价值研究的紧迫性

（一）当今世界的全球化趋势要求我们加强思想政治教育个体价值的研究

在全球化趋势下，中国的综合国力日益增强，国际地位显著提高，中国正快速、高质量地向前发展。然而，全球化是一把双刃剑，在给我们带来成就的同时，也给我们带来各种挑战。随着对外开放的不断扩大，西方发达国家正在凭借着其经济上的各种优势尤其是利用其资本主义引领下的个人主义、利己主义、拜金主义思想对我国进行“西化”。西方资本主义意识形态下的各种思想开始慢慢渗透到我们的头脑中，影响着我们的价值取向。抵御西方文化的渗透，维护我国社会主义意识形态的安全已经成为新时代社会发展的紧迫任务。而要完成这一重要任务，思想政治教育的作用不可替代。为了维护社会主义意识形态的主流价值，我们必须加强对广大群众特别是青年一代的思想观念、政治观点、道德情操进行正确引导，在重视个体物质需要与精神需要满足的基础上，从人的心理发展规律入手不断促进个体的发展以及价值的实现，

并且鼓励他们把这种思想外化为自己的行为习惯，以更好地应对全球化，提高解决全球化中复杂问题的能力。

（二）我国社会主义市场经济的发展要求我们加强思想政治教育个体价值的研究

随着我国社会主义市场经济体制的不断完善，社会主义经济的蓬勃发展，人民群众的生活水平显著提高。这些经济成就也为我们的思想政治教育提供了更为丰厚的教育资源。但是，人们在享受经济成果的同时，精神世界也发生了很大的变化，表现为思想观念的复杂化、价值观念的多元化，如理想信念的缺失、精神的迷惘、拜金主义、利己主义、个人主义的出现。因此，为了引导个体认同、接受社会主流价值，促进个体产生正确的行为，坚持不懈地对社会成员进行社会主义核心价值观教育使其形成正确的金钱观、利益观、幸福观非常重要。

（三）网络技术的发展要求我们加强思想政治教育个体价值的研究

随着现代科学技术的发展，越来越多的人开始通过网络收集信息，获取知识。毋庸置疑，网络已经成为一种重要的现代教育手段。网络的及时性、丰富性和便捷性极大地扩展了思想政治教育的内容。同时，随着网络技术的发展，我们的经济、政治、文化、社会生活也发生了变化，这些变化对思想政治教育手段的改进与创新提出了新的更高的要求。当然，网络不是万能的，也给我们的思想政治教育带来了挑战，具体表现为网络中包含着社会主义精神文明优秀成果的同时，也包含着一些诸如黄、赌、毒等污染人们灵魂的垃圾甚至违法信息。网络的无界限性，又决定了网络本身对于这些影响人们思想观念与行为方式的信息无法过滤。因此，在网络大背景下如何提高人们正确辨别思想政治教育的网络信息以及运用网络来进行有效教育的能力，避免腐朽思想、落后思想的侵蚀与影响已经成为现代网络管理与思想政治教育有机统一的重要课题之一。

综上所述，思想政治教育个体价值与社会价值的辩证统一共同构成了思想政治教育的价值论。改变传统实践中重社会价值轻个体价值的片面发展倾向既是新时代世情、国情、网络技术发展的必然选择，又是揭示思想政治教育本质的客观要求。

第二章

新时期合理突出思想政治教育个体价值的理论基础和现实依据

思想政治教育是一项有意识、有目的、有计划地培养人、提升人、发展人的社会实践活动。在新的历史条件下，合理突出思想政治教育的个体价值是思想政治教育自身发展的内在要求，也是时代发展的必然要求。

一、新时期合理突出思想政治教育个体价值的理论基础

（一）个人与社会的辩证关系

个人是历史的、现实的、具体的、具有社会性的个体，社会则是以共同的生产活动为基础而相互联系和运动发展的人类生活共同体。现实的人是社会的人，个人是社会的一分子，是社会有机体的细胞。现实的社会是个人的社会，是所有人以一定方式组成的人的最大集合体。

第一，个人与社会相互依存、相互促进，主要表现在两个方面。

（1）社会是个人的社会。首先，社会是由无数个人组成的，个人是社会存在的前提。我们知道，社会有机体是一个非常复杂的结构和系统。社会结构是由生产力、生产关系（经济基础）和上层建筑三个方

面组成的，每个方面又是一个系统。如果没有个人，社会、社会的有机结构和系统及一切社会关系，都是不可能出现的。离开了个人，社会将不复存在。正如马克思所说："全部人类历史的第一个前提无疑是有生命的个人的存在。"① "社会本身，即处于社会关系中的人本身。"② 可见，个人是社会存在的第一前提。其次，社会的发展离不开个人。个人作为推动生产力发展的唯一能动力量，作为生产力中最活跃的因素，其体力与智力的发展，直接关系到生产力的发展，关系到社会文明的进步。有什么样素质的劳动者个体，就会有与之相应的生产力发展水平和社会文明水平。同时，个人作为社会关系的主体，其思想道德素质和科学文化素质对相应生产关系的维护和变革又具有重大影响。也就是说，个人是社会的主体，是社会发展的源泉。离开了相互联系的个人，离开了个人的创造性劳动，社会将失去发展的基础。再次，个人的发展是社会发展的目的。根据马克思主义的观点，个人的发展是指个人能力的全面提高、需要的极大满足、社会关系的高度丰富、个性的自由发展，即个人的一切属性的充分、自由、和谐和统一的发展。社会发展是指以社会生产方式发展为基础的以个人的全面发展为目的的整个社会经济、政治、文化的充分而均衡的发展。马克思主义认为，社会的发展就是人的发展和为人的发展，个人的发展是社会发展的目的。个人是社会的主体，社会发展不可能是脱离主体的抽象发展，而是同个人的进步和完善不可分割的发展。社会发展是个人发展的条件性范畴，社会发展的最高

① 中共中央马克思恩格斯列宁斯大林著作编译局．马克思恩格斯选集：第1卷［M］．北京：人民出版社，1995：67.

② 中共中央马克思恩格斯列宁斯大林著作编译局．马克思恩格斯全集：第46卷（下）［M］．北京：人民出版社，1980：226.

衡量标准只能是个人的发展。个人的发展是社会发展的根本动力，个人的发展是社会发展的最高尺度。然而，在资本主义社会以及以前的社会中，个人的发展仅仅是社会发展的手段，伴随社会进步的是个人的片面、畸形的发展。而共产主义社会是以个人的全面自由发展为基本目的的社会形态，实现个人的全面发展是共产主义的“目的本身”。也就是说，个人的实践活动促进了社会物质文明、政治文明和精神文明的发展，反过来说，社会发展是以个人的幸福成长和全面发展为目的的。

（2）个人是社会的个人。个人不是孤立的存在物，而是社会的存在物。如果个人脱离了社会，脱离了社会联系和社会关系，他将是一种想象中的没有区别、没有任何规定性的抽象，或者只是单纯的生物个体，其活动也只不过是与肉体存在直接同一的单纯的生物活动，而不可能是真正的现实的人的活动。同时，社会发展是个人发展的基础。个人的发展不是随心所欲的，而是要受到社会经济、政治、文化条件的制约。马克思主义认为，随着社会形态的依次更替，个人的发展经历了原始完整的人——片面独立的人——全面自由的人三个阶段。可见，社会的发展决定了个人发展的不同阶段和特征。因此，个人总是社会中的个人，社会是处于社会关系中的人本身。

第二，个人和社会相互区别，不能相互代替。社会作为个人的集合体，具有普遍性、整体性和超越性的特点。而个人作为独立的个体，在生理上和心理上，在能力的发展和能动性的发挥上，在物质需求和精神需求上，都具有独特性。

由此可见，个人与社会是辩证统一、不可分割的。社会是个人的社会，个人是社会的个人。社会的发展要求个人的发展，没有个人的发展就没有社会的发展。同时，社会的发展为个人的发展创造条件，个人的发展只有在社会的发展中才能实现。因此，我们不能孤立地谈个人或社会，否则，个人就不是现实的人，而是抽象的人，社会就不是现实的社会，而是抽象的社会。

思想政治教育是社会或社会群体用一定的思想观念、政治观点、道德规范，对其成员施加有目的、有计划、有组织的影响，使他们形成符合一定社会要求的思想品德的社会实践活动。① 这一概念昭示了思想政治教育具有重要的社会价值。同时，思想政治教育从根本上说是做人的工作的，是一项培养人、塑造人的活动，必然能够促进个人的发展，具有个体价值。个人与社会辩证统一的关系要求我们不能把思想政治教育的个体价值与社会价值割裂开来，不能厚此薄彼。然而，令人遗憾的是，长期以来我们过分强调了社会发展对个人发展的制约作用，从而把思想政治教育的着力点更多地放在保证社会经济、政治、文化的发展上，而淡化或忽视了其在个人发展中的作用。也就是说，在思想政治教育的价值归属上，我们过多强调其对社会经济、政治、文化发展的保证作用，关注其社会价值，而淡化思想政治教育在个人发展中的作用，忽视其个体价值，从而使思想政治教育“目中无人”，影响了思想政治教育在人们心目中的地位，削弱了思想政治教育的效果，未能充分实现思想政治教育的全部价值。

一方面，个人与社会相互依存、紧密联系。思想政治教育的个体价值是其社会价值的前提和基础，社会价值的实现必须建立在个体价值充

---

① 邱伟光，张耀灿．思想政治教育学原理［M］．北京：高等教育出版社，1999：4.

分实现的基础上。个体价值得不到充分实现，社会价值必然会受到削弱。失去了对个体价值的追求，社会价值只能变成空洞的抽象。

另一方面，个人和社会是相互区别的，二者具有不同的属性和要求，是不能互相取代的。同样的道理，思想政治教育的个体价值和社会价值也是相互区别的，是不能互相取代的。思想政治教育的个体价值和社会价值在价值主体、价值需求、价值体现等方面是存在差异的，我们不能用思想政治教育的社会价值代替其个体价值，反之，就会造成思想政治教育个体价值的失落。总之，个人与社会的辩证关系要求我们在关注思想政治教育的社会价值的同时，也要合理突出其个体价值。在新的历史条件下，我们之所以强调思想政治教育的个体价值，是因为我们过去对它重视不够、挖掘不够。如今，我们应在科学把握个人与社会的关系基础上重新审视思想政治教育的个体价值，努力实现思想政治教育个体价值的回归。

（二）经济基础与上层建筑的辩证关系

唯物史观认为，经济基础决定上层建筑，上层建筑应随着经济基础的变化而发生相应的变化，同时上层建筑对经济基础具有反作用。这为新时期合理突出思想政治教育的个体价值奠定了理论基础。

一方面，经济基础决定上层建筑，经济基础的变化决定上层建筑的变化。在社会发展过程中，不仅经济基础根本性质的变化决定上层建筑根本性质的变化，就是在同一社会形态里，当经济基础发生量变或部分质变时，上层建筑也要发生相应的变化。目前，我国正处于传统的计划经济向社会主义市场经济的转型过程中，作为上层建筑重要组成部分的思想政治教育也应随之发生相应的变化。在计划经济条件下，个人属于一定的单位，单位又是由国家直接管理的。个人的生存和发展在很大程度上是由国家直接决定的，因为国家控制了一切社会资源，并通过行政手段将这些资源分配给单位，单位再把这些资源分配给个人。在这种条件下，个人和国家是浑然一体的，个人对国家是直接服从的。在这种体制下，我们更多地强调思想政治教育对社会经济、政治、文化发展的作用，过多地关注思想政治教育的社会价值，是与计划经济体制相适应的。然而，在目前社会主义市场经济条件下，个人成为独立的经济实体，个人可以自主地发挥自己的才能、自由地选择自己的生活方式。个人的主体性日益增强，个性得到充分张扬，关注自身、追求个体价值的观念得到普遍认同。在这种条件下，思想政治教育的价值取向应随着经济体制的转变而发生相应的变化。我们应该关注个人的需要，关心个人的发展，重视思想政治教育在个人成长和发展中的作用，突出思想政治教育的个体价值。

另一方面，上层建筑对经济基础具有反作用。在目前条件下，如果我们一味地强调思想政治教育对社会进步的价值，而忽视其对个体成长与发展的价值，就会与社会主义市场经济的要求相背离，从而不利于我国市场经济的发展。如果我们合理突出思想政治教育的个体价值，充分发挥思想政治教育在个体人格完善、个人能力提升等方面的作用，就会为我国社会主义市场经济的发展培育良好的人力资本并营造和谐的人文环境，从而促进我国社会主义市场经济的发展。

（三）马克思主义人的本质理论

马克思主义认为，劳动和实践是使人成为人的内在根据，是把人和动物区别开来的根本因素。人类劳动是自由自觉的活动，具有创造性。

它不仅仅是顺应自然、利用自然，还能按照自己的要求和内在尺度去改造自然、利用自然。一方面，劳动创造了人本身。在劳动中，类人猿的机体、四肢、大脑逐渐变为人的机体、四肢和大脑，使动物水平的自然属性提升到了人的自然属性。同时，人们通过劳动形成了一定的社会生产关系，并使人类形成了复杂多样的人际关系，即人类通过劳动实践形成了稳定的社会关系。另一方面，人与动物的根本区别是人们能够根据自己的意愿和目的进行实践活动，获取各种物质生活资料。人类劳动具有主动性、自觉性和创造性，而不是自发的、盲目的。在劳动过程中，人类不仅意识到自己在从事生产，而且知道自己要生产什么、应该通过什么方式生产以及为何要进行这项生产活动，也就是说人类生产劳动的成果，在它生产成为产品之前，就以观念的形式存在于人类的意识之中。人类在生产实践过程中，不仅能够把物的尺度、客观的尺度作为标准，而且还能按照人的尺度、主体的需要去改造自然、改造对象，从而创造符合人类生产和发展需要的“理想世界”。因此，主动性和创造性是人的本质的实现和确证，而要使人的创造能力得到实现，就要加强对个体的教育。从本质上来说，人与人的区别，只能从具体的社会实践中去寻找，从人们所处的社会关系中去寻找。马克思认为：“人的本质不是单个人所固有的抽象物，在其现实性上，它是一切社会关系的总和。”①即人们只有在一定的社会群体、社会关系中才能生存下去，离开了社会群体、社会关系，人们就无法生存。因为仅仅依靠个人的力量去获取衣、食、住、行等基本生存资料是不够的。单独个人的能力具有

① 中共中央马克思恩格斯列宁斯大林著作编译局. 马克思恩格斯选集：第1卷［M］. 北京：人民出版社，1995：60.

有限性，个体只有相互联合才能从自然界获取基本物质资料，所以，人与人之间就必须结成一定的关系、采取一定的社会方式才能获得一定物质资料。人们在这样的生产劳动过程中，就形成了最基本的社会关系——生产关系。由此可以看出，人的本质是一切社会关系的总和，人的本质是具体的、历史的、发展的。我们研究人的本质，就必须把人放在特定的历史条件下和具体的社会关系中来考察。

综上所述，社会发展离不开个体自由自觉的创造性劳动，个人的活动和发展也存在于具体的社会环境和社会关系中。思想政治教育只有强调个体价值的实现，才能更好地提高个人的劳动自觉性和创造性；个体价值的实现也必须要处在一定社会环境中，符合社会的标准和要求。

（四）马克思主义需要理论

需要是唯物史观的一个重要范畴。马克思从事理论研究和实践活动的重要目的和归宿是关注人的需要，并寻求满足人的需要的现实途径。马克思主义认为，人们在社会中为了生活，就必须要满足自己的各种需要。需要是人类历史产生的基础，人类历史的第一个活动就是生产满足需要的物质生活资料，人们就是在这种满足需要的生产中形成了各种自然关系和社会关系，从而形成了人类社会。

从理论上讲，需要就是事物或过程为保持或发展自己的本质而对他物或过程的一种渴求状态，但是作为高等动物的人的需要和其他动物的需要有什么区别？应该如何更好地理解人的需要呢？首先，马克思主义认为，要正确理解和把握人的需要，关键是要从实践的角度去把握。在马克思看来，实践是人之为人而异于动物的最为根本的活动，人们只有通过实践才能创造世界。马克思认为："从前的一切唯物主义（包括费尔巴哈的唯物主义）的主要缺点是：对对象、现实、感性，只是从客体的或者直观的形式去理解，而不是把它们当作人的感性活动，当作实践去理解，不是从主体方面去理解。"① 马克思主义认为需要从实质上说是一种主客体关系，是主体为了自身的生存发展而对客体所产生的各种需求关系。这种关系来源于人们的实践活动并通过人们的实践活动不断发展和完善。其次，要从历史的角度理解人的需要。人的需要及需要的满足是发展变化的，随着人的实践能力的提高，人的需要朝着更加文明、更加多样的方式向前发展。再次，人的需要具有意识性。人们在实践活动中能够意识到自己需要什么，并且会在活动过程中积极地创造满足需要的手段。

总之，需要始终是人的活动的根本动因，是人的活动的动力和源泉。人的活动是为了满足人的需要，因而在人的实践过程中，需要就自始至终成为人的活动的方向目标，对人的实践活动起着导向和纠正作用。因此，思想政治教育在探求个体价值过程中，必须重视个体的需要。

（五）马克思主义的人本学思想

从人类思想史上看，以人为本的思想源远流长。人类历史上许多思想家以理性的方式思考人的特性和存在的价值，闪耀着人本主义精神。早在古希腊时期，以人为本的思想就开始萌芽。普罗泰戈拉提出了"人是万物的尺度"的著名观点，认为人是社会的主人，是高于一切存在物的最高存在物。苏格拉底赋予"认识你自己"以深刻的哲学意义，

---

① 中共中央马克思恩格斯列宁斯大林著作编译局．马克思恩格斯选集：第1卷［M］．北京：人民出版社，1995：54.

认为人应该把关怀人、研究人、认识自身作为哲学的主题。文艺复兴时期，新兴的资产阶级继承和发展了古希腊的人本主义思想，用人本位思想反对中世纪的神本位思想，用“人道”反对“神道”。他们从人的本性出发，宣扬人的价值、人的尊严和人的权利，强调人的自由、平等，推崇人的理性权威，把人提高到高于一切的地位。

西方的人本主义思想关注人的尊严和价值，对促进人的解放具有重要意义。然而，由于资产阶级的局限性，这种思想不可避免地具有片面性、抽象性和虚伪性，但对马克思主义人本学思想的形成产生了重要影响。事实上，马克思、恩格斯正是在批判继承前人思想成果的基础上，在对资本主义社会的批判和未来社会的设想中，提出了自己的人本学思想。

马克思主义把现实的人及其活动，尤其是劳动实践作为自己思想体系的出发点，把个人的全面自由发展作为未来共产主义社会的基本原则和整个思想体系的最终归宿点。这在马克思、恩格斯不同时期的著作中都有明显体现。马克思在《1844 年经济学哲学手稿》中指出，共产主义是人道主义和自然主义的有机统一，是物质生产力极大发展和人的自由全面发展的有机统一，并把人自身的回归发展作为共产主义的主要特征和重要指标。“共产主义是私有财产即人的自我异化的积极的扬弃，因而是通过人并且为了人而对人的本质的真正占有；因此，它是人向自身、向社会的（即人的）人的复归，这种复归是完全的、自觉的而且保存了以往发展的全部财富的。这种共产主义，作为完成了的自然主义，等于人道主义，而作为完成了的人道主义，等于自然主义，它是人和自然界之间、人和人之间的矛盾的真正解决，是存在和本质、对象化和自我确证、自由和必然、个体和类之间的斗争的真正解决。它是历史之谜的解答，而且知道自己就是这种解答。”① 马克思、恩格斯在《神圣家族》中指出，旧唯物主义的根本缺陷在于忽视人的存在，忽视人在物质社会发展中的重要作用；马克思在《关于费尔巴哈的提纲》中指出，新唯物主义和旧唯物主义的根本区别在于是否重视现实的人的主体性和实践活动，“从前的一切唯物主义（包括费尔巴哈唯物主义）的主要缺点是：对对象、现实、感性，只是从客体的或者直观的形式去理解，而不是把他们当作感性的人的活动，当作实践去理解。”② 马克思在《1857—1858 年经济学手稿》中通过对人类历史的考察，将人的发展划分为“人的依赖关系”“物的依赖关系”和“人的自由个性全面发展”三个阶段。“人的依赖关系（起初完全是自然发生的），是最初的社会形态，在这种形态下，人的生产力能力只是在狭窄的范围内和孤立的地点上发展着。以物的依赖性为基础的人的独立性是第二大形态，在这种形态下，才形成普遍的社会物质变换，全面的关系，多方面的需求以及全面的能力的体系。建立在个人全面发展和他们共同的社会生产能力成为他们的社会财富这一基础上的自由个性，是第三个阶段。第二个阶段为第三个阶段创造条件。”③ 马克思、恩格斯在《德意志意识形态》《共产党宣言》和《资本论》及三大手稿中强调了人在社会发展和

---

① 中共中央马克思恩格斯列宁斯大林著作编译局．马克思恩格斯全集：第 42 卷［M］．北京：人民出版社，1979：120.

② 中共中央马克思恩格斯列宁斯大林著作编译局．马克思恩格斯选集：第 1 卷［M］．北京：人民出版社，1995：120.

③ 中共中央马克思恩格斯列宁斯大林著作编译局．马克思恩格斯全集：第 46 卷（上）［M］．北京：人民出版社，1980：104.

进步中的作用和意义。他们虽然没有直接提出“以人为本”，但非常重视人的作用，把社会发展与人的发展、人的解放、人的本质的回归统一起来，确立了人本身的地位和作用。

由此可以看出，马克思主义始终关注人的发展，把个人的自由全面发展作为理想社会的重要特征和无产阶级的最高价值追求。马克思主义的人本学思想用我们今天的话说就是以人为本，即以人为基础，以人为前提，以人为动力，以人为目的，概括地说，就是一切以人为中心，一切为了人。

以人为本思想对人类社会活动的各个领域都具有指导作用，但其具体表现形式各不相同，因而它必须同各个领域的实际情况结合起来。思想政治教育要坚持以人为本，就要突出人的发展。人是思想政治教育的中心，也是思想政治教育的目的；人是思想政治教育的出发点，也是思想政治教育的归宿；人是思想政治教育的基础，也是思想政治教育的根本。现代思想政治教育的基本价值是把教育和人的幸福、人的自由、人的尊严、人的终极价值联系起来。这就要求我们高度重视思想政治教育在个人成长和发展中所起的作用，突出思想政治教育的个体价值。

二、新时期合理突出思想政治教育个体价值的现实依据

（一）重视思想政治教育的个体价值是我国社会主义市场经济发展的必然要求

市场经济是一种主体经济，其实质是注重人的主体地位，使从事经济活动的人独立地走向市场，主动地了解市场行情，创造性地开辟市场，积极有效地参与竞争，成为经济活动的主体。从一定意义上说，市

场经济就是重视人的主体性的经济、利益驱动经济、自主选择经济、实现个体价值的经济。我国社会主义市场经济体制的确立，必然从经济基础的底层把人的主体性需要纳入社会经济生活之中，并激发人的主体意识、效率意识、竞争意识、民主法制意识和开拓创新精神。在这种条件下，人的主体意识、主体能力、创新精神成为谋求发展的必备素质。所以，提升人性、弘扬主体性、提倡个性是市场经济的内在要求。这样，个体价值的自我观照已经由哲学意义上的理论思辨具体化为实实在在的主体需要。而这种需要一旦与主体生活和发展联系在一起，其张力便日益突出。它要求从事经济活动的主体独立地走向市场，真正成为经济活动的自主性主体。思想政治教育作为一项专门做人的工作的社会实践活动，我们殷切希望它能在培育人的主体性方面发挥重要作用。在思想政治教育的价值取向上，我们习惯于强调社会需要，而对个体人的本体价值问题和人格独立性缺乏应有的关注。因此，在新的历史条件下，我们要高度重视思想政治教育的个体价值，充分发挥思想政治教育在个体人格塑造、潜能发挥等方面的作用，把关心人、尊重人、激励人、教育人、培养人作为思想政治教育的出发点和落脚点，不断培育人的主体精神和自主意识，以适应社会主义市场经济发展的需要。

（二）重视思想政治教育的个体价值是全面建成小康社会的需要

习近平同志在党的十九大报告中指出，解决人民温饱问题、人民生活总体上达到小康水平这两个目标已提前实现。在这个基础上，我们党提出，到建党一百年时建成经济更加发展、民主更加健全、科教更加进步、文化更加繁荣、社会更加和谐、人民生活更加殷实的小康社会。可见，要实现全面建成小康社会的第一个百年奋斗目标，必然要求经济的发达、政治的民主、文化的繁荣和社会的全面进步。而这些目标的实现都离不开人的发展，特别是人的现代化。因为人是社会发展的主体，是社会物质财富和精神财富的创造者，是推动社会发展的决定性力量。人的发展是经济的发展、政治文明的提升、文化的繁荣正如美国著名的现代化问题专家英格尔斯所说："人的现代化是国家现代化必不可少的因素。它并不是现代化过程结束后的副产品，而是现代化制度和经济赖以长期发展并取得成功的先决条件。"① 全面建设小康社会不仅是为物质层面和制度层面的建设，还包括人的现代化建设。所以，人的现代化建设既是全面建设小康社会的前提条件，也是其重要内容。

人们对人的现代化并未形成统一的界定，不同的人从不同的视角对人的现代化进行了不同的解读。我们认为，人的现代化不是指穿着的时尚、使用通信工具和交通工具的便捷，而是指人的思维方式和行为方式的现代化，主要包括良好的思想道德素质、健康的心理素质、完备的知识结构和自主创新的精神等。而人的现代化不是与生俱来的，也不会随着经济、政治的发展自然得以实现，而是与教育密不可分的。思想政治教育作为教育的重要组成部分，作为一项有目的、有计划地培养人、塑造人、发展人的活动，通过灵活多样的方式促进人性的优化、完善个人的道德品格、提升个人的精神品位，不断提高个人的思想道德素质和心理素质，从而在人的现代化过程中发挥着重要作用。因此，我们应该重视思想政治教育对个人发展的意义，凸显思想政治教育的个体价值，充分发挥思想政治教育在人的现代化过程的作用，以适应全面建成小康社

① 英格尔斯．人的现代化［M］．殷陆君，译．成都：四川人民出版社，1985：3.

会的需要。

（三）重视思想政治教育的个体价值是增强思想政治教育实效性的需要

众所周知，思想政治教育在我国社会主义革命、建设和改革过程中发挥着举足轻重的作用。然而，在目前条件下，一些人对思想政治教育采取敬而远之甚至厌烦的态度，思想政治教育的有效性受到了前所未有的挑战，这就需要我们对传统的思想政治教育进行认真反思。

可以说，产生思想政治教育有效性不足问题的原因是多方面的，但不容忽视的是，我国长期存在的重视思想政治教育的社会价值而淡化其个体价值的倾向是导致思想政治教育工作难以达到理想效果的重要原因。长期以来，我们重视政治理论教育而忽视人的个性发展，这容易使个人对思想政治教育产生逆反心理和抵触情绪，对思想政治教育采取冷漠和排斥的态度。在思想政治教育内容方面，只强调远大理想和宏伟目标，只强调社会的需要和集体的需要，容易使个人对思想政治教育产生空洞和“虚”的感觉，从而对思想政治教育产生不信任感，这样，思想政治教育难以使人产生思想上的共鸣，思想政治教育往往成为形式化、表面化的东西，思想政治教育的作用就显得苍白无力。此外，把政治态度和政治行为作为衡量个人思想品德问题的尺度忽视了个体身心发展的需要，抹杀了个性的发展，并进一步加剧了个人对思想政治教育的排斥感。总之，重视思想政治教育的社会价值而淡化其个体价值的后果是：思想政治教育起不到它应有的作用，思想政治教育价值得不到充分的实现，思想政治教育对个人发展和社会发展的作用得不到充分发挥。因此，在思想政治教育过程中，我们应该在重视社会需要的同时，关注个体的需要，关心个体的个性发展，尊重个体的主体性，也就是要突出思想政治教育的个体价值，充分发挥思想政治教育在提高人的素质、满足人的发展需要等方面的作用，使思想政治教育真正成为一项培养人、提升人、发展人、成就人的社会实践活动，从而使个体能够心悦诚服地接受思想政治教育，进而增强思想政治教育的实效性。

（四）重视思想政治教育的个体价值是促进个体全面发展的需要

实现人的全面发展是马克思主义对人的发展状态的理想化设计，是人类社会发展的重要目标。作为个体的人的各方面能力和素质的全面协调发展是人的全面发展的题中应有之义。具体而言，人的全面发展包括三个层次：第一个层次是德、智、体的全面发展。德是人的发展和社会发展不可或缺的品行。一个人如果缺少了德，就丧失了人的本性，一个社会如果没有了德的引导和感召，任何强制的约束和规范都将失去意义，所以要实现人的全面发展就不能缺少对德的教育。智力的发展则是人的全面发展的核心。人的德行发展和身体的发展虽然具有各自独立的意义和价值，但它们都是为了保证智育的发展。因为人类智力的发展不仅使改造自然和社会具有可能性，同时也使人学会自我改造。由于人的智力和理性发展对人提出要求，人才具有德行。因此，人类智力的发展推动人类德行的发展，也由于智力的发展，聪明智慧的人类才把文明载入世界的各个角落。体是指人的身体，是人的德与智的物质承担者。人的身体健康状况不仅直接影响着智与德的发展，而且自身就是发展的指标。身体健康是人的一切发展的前提和基础。没有身体健康，人的发展就成了无源之水、无本之木。正像健康是人类生活的内容而不只是生存的手段一样，身体的健康发展也是人的发展的内容与手段的统一。人的全面发展的第二个层次是知识与能力的关系。在实施素质教育的过程中，知识与能力的关系问题备受重视。在以前的应试教育中，不管在小学、中学还是大学，我们过分重视知识的灌输和传授的教育，对实践能力的培养重视不够，导致学生缺乏实践能力和创新能力。如今人们不仅重视知识教育，而且注重学生实践能力和创新能力的培养。知识或者说掌握知识本身就是一种能力，但是如何做到将掌握的知识运用到实践中，利用这些知识进行创新，这才是我们真正追求的能力。我们所要求的人全面发展，就是在提高人们的知识水平的基础上，提高人们分析和解决各种社会问题的能力。人的全面发展的第三个层次是知识的覆盖问题。我们所讲的人的全面发展，主要是指每个人都能够在自己选择的领域自由发展而不用按照他人的意志去行动，并不是要求一个人文科、理科什么知识都需具备，人不可能在掌握天下所有知识后才去创造。

重视思想政治教育的个体价值，不仅能够满足人们对科学理论知识的需求，丰富人们的精神文化内容，而且可以提高人们的学习能力，为人们适应社会、认识社会、改造社会提供帮助。思想政治教育的个体价值正是通过满足人们的内在发展需求，来更好地促进人的全面发展。

（五）重视思想政治教育的个体价值是激发个体精神动力的需要

激励即激发鼓励，是指通过各种形式的外部刺激，使人们产生一种奋发向上的积极进取精神。心理学的研究表明，人的需要会产生动机，动机产生行动。人如果没有发展的需要，就不会有发展的行动，发展需要的欲望越强烈，发展的行动就会越积极，进而就能实现更好的发展。思想政治教育的激励主要有需要激励、成就激励、目标激励。在思想政治教育过程中就要不断提高受教育者的需求层次和发展层次，促使他们从生理需求提升到精神需求层面。

重视思想政治教育的个体价值，通过对受教育者进行理想、信念和高尚情操的培育，就会激发他们的精神动力，进而促使他们积极主动地投入到社会主义建设事业中。

（六）重视思想政治教育的个体价值是引导个体自觉遵守社会规范的需要

每个人都是社会中的人。人在社会中生存就需要具有规范意识，如果没有规范意识，就不是一个完整的人，甚至是一个残缺的人。随着社会的发展，规范是不断发展变化的。落后于社会发展需求的旧规范不断被废除，适应社会发展需要的新规范会不断建立。但是无论规范的内容如何变化，社会的规范意识和人的规范意识永远不可能消失，规范意识与社会同在，与社会中的人格构成同在。另外，规范在现实社会生活中具有沟通协调的作用，不但是人格的构成要素，而且构成了现实的社会生活规则。如果一个人、一个社会缺乏规范意识，不能用规范约束自己及社会成员的言行，就会给社会生活生产秩序造成危害。对于个人而言，当个人权益受到侵害时，没有规范意识就不会主张争取自己的权益，也不会用规范捍卫自己的权益。对于社会而言，规范是否完善，规范意识的有无与强弱，是衡量一个社会文明程度的标志。一个由缺乏规范意识的人组成的社会，是没有秩序的社会，是无法发展的社会，也是一个落后野蛮的社会。

重视思想政治教育的个体价值，通过有效化解社会矛盾、整合人们的思想，使同一个体的思想与行为做到一致，使不同个体的思想与行为达到协调统一；此外，重视思想政治教育的个体价值，通过引导和帮助受教育者纠正思想上的偏差，以及在现实社会生活中自觉遵守行为规范和秩序，从而引导个体的思想和行为符合社会发展的需求。因为一个社会的发展和进步需要人来推动，同时社会的发展和进步程度最终也是通过人的发展程度来体现的。社会主义社会是全面发展、全面进步的社会，包括自觉遵守社会规范在内的人的全面发展是其重要特征。可见，重视思想政治教育的个体价值是引导个体自觉遵守社会规范进而促进人的全面发展的需要，实现思想政治教育的个体价值还需要树立以人为本的理念，尊重人、理解人、关心人、爱护人。

（七）重视思想政治教育的个体价值是个体建立良好人际关系的需要

人类社会的稳定性与个体之间的相互沟通和交往是密不可分的。人们通过研究昆虫中的蚁群与蜂群的紧密团结得出结论：它们组织得如此紧密，与其高频率的沟通密切相关，人类社会也同样如此。为了做好协调沟通工作，人们不但需要对沟通内容、沟通方式、沟通程序等沟通全程进行总体布置，而且需要对沟通的具体步骤进行有效安排。社会沟通形式是双向互动的，也就是传者与受传者并不是严格固定不变的。一方面，传者发出信息、联络情感是一种输出，而受传者接收信息或有关符号所表示的意思是输入；另一方面，受传者对所接收的信息会表现出一定的倾向和态度，这也是一种输出，而传者需要关注受传者表达出来的倾向、愿望、态度、观点，也是一种输入。在社会沟通中，这种输入和输出的双向性非常重要。

我们处于社会主义社会，社会成员的矛盾主要表现为人民内部矛盾。人民内部矛盾不是对抗性的，但具体表现是多种多样的、复杂的。主要集中表现为干群矛盾、人民群众个体与个体间的矛盾和冲突等。而要化解这些矛盾需要做大量的说服工作，甚至在必要的时候需要对社会有关资源进行重新分配，对社会关系做调整。重视思想政治教育的个体价值，有助于引导个体合理处理各种社会关系，从而有利于维护社会主义的安定和谐局面。因为重视思想政治教育的个体价值，可以通过充实人的丰富情感，陶冶人的高尚情操，塑造健全人格，使个体以良好的心态、健全的人格去应对社会变革的种种挑战。另外，还有助于引导个体正确处理竞争与合作、批判与适应、独立与依赖的关系，将个体培养成为具有良好思想道德品质、心理素质和信息沟通能力的人，从而减少人与人之间矛盾的出现，有助于个体建立良好人际关系，促使其在和谐人际关系中更好地实现自身的发展与进步。

第三章

思想政治教育个体价值的具体体现

思想政治教育在本质上是一种人的哲学，它的主体——教育者和受教育者都是现实中的人，其基本职能在于以科学的内容与方式去丰富、完善和促进人的发展。在人的主体性日益提升和个体价值得到普遍认同的今天，我们应该把思想政治教育所包含的个体价值揭示出来，让个人认识到思想政治教育不是一种外来的甚至强加于人的东西，它并不与人自身的需要和利益相违背，而是相一致的。科学把握思想政治教育个体价值的内容，对于全面认识思想政治教育价值以及增强思想政治教育的实效性具有重要意义。

思想政治教育个体价值的主体包括教育者和受教育者两个方面，因此，思想政治教育的个体价值是通过教育者和受教育者两个层面来体现的。具体说来，思想政治教育的个体价值主要体现在以下几个方面：

一、思想政治教育对教育者的个体价值

提到思想政治教育的个体价值，人们自然会想到思想政治教育对受教育者成长和发展所起的作用，而思想政治教育对教育者的个体价值往

往是被人们所忽视的。实际上，思想政治教育对教育者的个体价值是客观存在的，具体体现在以下三个方面。

（一）思想政治教育能够满足教育者的物质需要

经过几十年的发展，我国拥有了一批专门从事思想政治教育工作的队伍。教育者通过从事思想政治教育工作来获得劳动报酬，用于自己的生存和发展。思想政治教育者是思想政治教育的承担者、发动者和实施者，在思想政治教育中起着主导作用。在思想政治教育活动中，教育者从受教育者的实际情况出发，确定思想政治教育目标，制订思想政治教育计划，选择思想政治教育内容和方法，发挥思想政治教育载体的作用，优化思想政治教育环境，收集教育反馈信息，调控思想政治教育过程。目前，思想政治教育已经成为一种职业，教育者通过从事思想政治教育工作取得一定的经济收入，也就是说，思想政治教育已成为教育者的一种谋生手段。当然，思想政治教育者是专门做人的工作的，一般具有较高的思想觉悟，乐于奉献，但教育者同其他社会主义劳动者一样，也要在社会中生存和发展，也有自己的物质需要。如果物质需要得不到满足，思想政治教育者便失去了生存和发展的最基本的条件，思想政治教育活动也难以顺利开展。在社会主义市场经济条件下，社会开始把物质利益原则运用到思想政治教育工作中，这不仅能够满足教育者的物质需要，而且也是对思想政治教育者劳动的一种肯定。思想政治教育者通过自己的辛勤劳动获得经济收入，满足自己的物质需要，是顺理成章的事情。在高校，思想政治教育者主要包括思想政治理论课教师和学生思想政治工作人员。思想政治理论课教师通过讲授马克思主义基本理论、法律知识、心理健康知识等帮助大学生树立科学的世界观、人生观和价值观。学生思想政治工作人员通过直接和大学生接触，了解大学生的思想政治品德状况，帮助大学生解决现实的思想问题和生活问题，促使大学生更好地认识自我、关注自我、实现自我。也就是说，思想政治理论课教师和学生思想政治工作人员通过思想政治教育工作，培养大学生良好的思想政治品德，塑造大学生完善的人格，为社会主义国家培育栋梁之材。同时，社会给予二者相应的物质回报，满足其物质需要，为其发展提供一定的物质条件。

（二）思想政治教育能够促进教育者自身素质的提高

思想政治教育是一定社会群体或社会集团为实现其根本政治目的和经济利益而对人们有意识、有计划地施加思想政治影响的社会实践活动。思想政治教育者主要是指接受社会或组织的正式委托，专职或兼职从事思想政治教育工作的人。思想政治教育者通过自身的言传身教以及教育活动来启发受教育者的政治觉悟，培养受教育者科学的世界观、人生观和价值观；提高受教育者的道德素质，培养受教育者的社会主义民主、法制意识；端正受教育者的思想认识，培养受教育者良好的情感、坚强的意志和坚定的信念；引导受教育者践行社会规范并养成良好的行为习惯。思想政治教育者所处的地位和所承担的职责，要求其在进行思想政治教育活动之前必须努力学习、刻苦钻研、投身实践，以使自己具有深厚的马克思主义理论素养、广博的知识、坚定的政治信念、崇高的道德品质、健康的心理素质和较强的创新能力。如果思想政治教育者的理论素质不高、知识面不广，那么他所进行的思想政治教育工作将缺乏理论深度，思想政治教育内容也将单调不堪，难以真正做到晓之以理、动之以情。如果思想政治教育者言不由衷、知行不一，那么受教育者将难以认同其教育内容。如果思想政治教育者思想僵化、因循守旧、故步自封，那么思想政治教育将难以适应新形势、难以解决新问题，最终只能成为形式化、表面化的空洞说教。任何一个有责任感的思想政治教育者，都会努力提高自身的综合素质，从而为有效地开展思想政治教育工作准备条件。同时，在思想政治教育过程中，受教育者作为有思想、有情感、有能动性的活生生的人，并不是被动地接受教育的，而是经常与教育者进行交流和沟通，不断地向教育者反馈教育信息，促使教育者改进教育方式、更新教育内容，从而不断提高教育者的教育能力。受教育者还会用自己的特长去影响教育者，实现教学相长，促进教育者思想素质和能力素质的提高。此外，思想政治教育环境的变化必然使思想政治教育面临许多新情况、新问题，这就促使教育者不断加强学习，提高思想政治素质，增强工作能力，提升创新能力。只有这样，思想政治教育者才能做到与时俱进，才能不断适应时代发展的需要，才能卓有成效地开展思想政治教育工作。当前，随着网络的迅速发展，良莠不齐的信息扑面而来，这就要求思想政治教育者转变观念，努力学习，精通网络知识，充分利用好网络这一新的载体。

（三）思想政治教育能够实现教育者的自我价值

自我价值是指自我对自身的肯定关系，即自己满足自己需要的关系。在现实中，自我不可能是孤立的、封闭的，不可能脱离一定的社会关系。个人的自我价值是在社会中形成和体现的。个人的自我价值主要取决于其思想和行为能否满足社会的需要，以及在多大程度上满足社会的需要。从这个意义上讲，思想政治教育者的自我价值就取决于其满足社会需要的劳动、创造和贡献。自我价值的实现过程，就是劳动、创造和贡献于社会的过程。思想政治教育工作是一种高尚的复杂劳动，思想政治教育者通过这种劳动为社会创造着非同寻常的价值。首先，思想政治教育者不仅创造精神形态的价值，也创造物质形态的价值。思想政治教育者通过一定的手段、方式和方法转变人的价值观念，提高人的思想觉悟，激发人的工作热情，引导人确立科学的世界观、人生观和价值观，致力于把人培养成有理想、有道德、有文化、有纪律的社会主义建设者。同时，人的思想境界的提升必然导致其积极性、创造性的提高，从而促进物质财富的创造，进而推动社会主义生产力的发展。其次，思想政治教育者的劳动成果同时具有现实价值和潜在价值。现实价值即立即被人感受到的作用和成效，如思想政治教育者通过协调人际关系，促使人消除误解和隔阂，加强人与人之间的沟通和了解，有助于形成强大的凝聚力和向心力，从而使人心情愉悦、和睦相处，进而有助于实现社会和谐。潜在价值即不易立即被人们感受到的成果，如帮助人树立正确的人生价值观，人们可能在短期内感觉不到它的明显作用，但它却是指引人不断前进的内在力量，也是个人成长中不可缺少的潜在力量。总之，思想政治教育者通过从事思想政治教育工作为社会创造着精神形态的价值和物质形态的价值、现实的价值和潜在的价值，对个人的健康发展和社会的和谐发展起到了不可替代的作用。思想政治教育者正是在为社会创造价值的过程中感受到自我的存在对他人、对社会的意义，从而获得对自己的一种肯定，并实现心灵的愉悦与满足。

二、思想政治教育对受教育者的个体价值

思想政治教育是教育者有目的、有计划地培养、塑造受教育者的实

践活动，无疑对受教育者的成长和发展具有重要价值。对受教育者个体发展需要的满足是思想政治教育个体价值的另一方面。

（一）思想政治教育能够促使人形成科学的思维方式

人在认识与改造客观世界的过程中，始终贯穿着思维方式的作用；而人在认识与改造客观世界的同时，还改造着自己的主观世界，这个主观世界也包括人的思维方式。因此，形成科学的思维方式，用科学的立场、观点和方法去认识与改造世界，显得极为重要。

对人进行辩证唯物主义教育、历史唯物主义教育、马克思主义认识论教育，使人具有科学的思维方式，引导人用马克思主义的立场、观点、方法去分析问题和解决问题，是思想政治教育的核心内容。通过辩证唯物主义教育，帮助人正确认识物质和意识的关系，坚持一切从实际出发、实事求是的辩证唯物主义原则，掌握辩证唯物主义的基本观点。这样，个人在想问题、办事情时就能从客观存在出发，而不是想当然地从主观愿望出发，不论做什么事，都能采取实事求是的科学态度，尊重事实，尊重科学，不迷信，不盲从；就能运用联系的观点、发展的观点、全面的观点去观察问题和分析问题，防止绝对化和片面性。通过历史唯物主义教育，教育和引导人掌握社会发展的基本规律，坚定社会主义、共产主义信念，积极投身于社会主义现代化事业；促使人学会用历史唯物主义的观点和方法正确分析和看待历史事件、历史人物和各种社会现象，特别是要掌握社会存在与社会意识的辩证关系原理，正确认识意识形态领域的斗争，自觉坚持社会主义意识形态阵地。通过马克思主义认识论教育，教育和引导人正确把握实践和认识的辩证关系，做到一切从实际出发，实事求是，理论联系实际，在实践中检验真理和发展真理，使主观认识与客观实际保持具体的历史的统一。

（二）思想政治教育是个体政治社会化的重要途径

在现实中，个人作为社会的一分子，不管他积极参与政治活动，还是逃避政治活动，不管他拥护现行政治制度、政治体制，还是反对现行政治制度、政治体制，他都同政治发生着密切的联系，而不可能游离于政治之外。个人要在社会中生存和发展，必须掌握一定的政治知识，了解一定的政治规则，形成独立的政治价值观，即具备一定的政治素质，实现由“自然人”向“政治人”的转变，这个过程也就是个体政治社会化的过程。然而，个体的政治素质并不是与生俱来的，而是后天习得的。思想政治教育作为人类社会实践的一个重要方面，其基本任务在于传播社会主导政治文化，使个体形成一定的政治认知、政治情感、政治价值观和政治行为规范。因此，思想政治教育客观上承载了社会教化的功能，成为个体政治社会化的重要途径，在个体政治社会化过程中发挥着不可替代的作用。

1. 思想政治教育能够为个体传授政治知识

了解一定的政治知识、获取一定的政治信息，是个体政治价值观形成的前提，是个体政治社会化的基础。思想政治教育的主要内容包括思想教育、政治教育、道德教育和心理教育，其中，政治教育是核心。政治教育主要包括：进行基本国情教育，引导个体认清我国的历史和现状，增强个体的历史使命感和责任感；进行党的路线、方针、政策教育，使个体自觉遵守党的各项路线、方针、政策；加强爱国主义、集体主义、社会主义教育，增强个体对党、对祖国、对社会主义制度的政治共识和深厚感情；加强民主法治教育，增强个体的民主意识与法治观念；进行公民教育，使个体正确认识自己的权利和义务，增强个体的国家归属感和社会责任感。通过这些教育，个体就会对国家的政治制度、政治体制，党的路线、方针、政策，国内外形势等有个基本的了解，从而为个体政治社会化奠定认知基础。

2. 思想政治教育能够促使个体形成良好的政治心理

政治心理作为隐性文化，是个体政治社会化过程中最复杂的因素，它是个体在政治生活和政治活动中直接形成的政治反应和体现出来的政治情感、政治态度、政治信念等。政治情感是个体对政治人物、政治事件、政治活动等政治现象产生的一种内心体验，表现为对各种政治认同对象的爱憎以及由此产生的亲疏感、信任感。思想政治教育通过系统的理论灌输和长期的政治熏陶，培养个体对党、对社会主义政治制度及意识形态的深厚感情，增强个体的政治认同感。如通过升国旗、唱国歌、参观革命历史博物馆等活动潜移默化地培养个体对政治体系的感性认同。政治态度是个体对政治问题的基本看法和倾向，它建立在良性政治认知和浓厚政治情感基础之上，对个体的政治判断和政治行为具有直接影响。思想政治教育坚持疏导原则，在政治社会化过程中让个体把自己的政治看法、政治观点淋漓尽致地展现出来，激发个体形成积极、理性的政治态度，纠正个体消极、偏激的政治态度，最大限度地调动个体参与政治的积极性和主动性。政治信念就是对国家政治生活、政治目标、政治理想确信无疑的观念，特别是对政治理论、政治制度和政治价值的接受或认同的心理状态。思想政治教育通过深入持久的理想信念教育，帮助个体树立对改革开放和社会主义现代化建设的信心，加深对中国共产党的信任，增强对建设中国特色社会主义的信念，坚定对共产主义理想社会的执着追求。这样的政治信念既可以使个体在重要的政治事件中表现出持久的维护社会主义政治体系的政治情感和政治态度，又可以在日常政治生活中引导和规范个体的政治行为。

3. 思想政治教育能够促使个体形成一定的政治价值观念

政治价值观念是个体在政治认知、政治情感、政治态度基础上形成的对政治事件、政治活动等政治现象的判断标准。使个体了解、掌握和内化一定社会运行的政治规则并形成自己独特的政治价值观念是个体政治社会化的关键环节。因为政治价值观念是“政治人”的核心，它通过自己的是非判断标准自主地决定自己的政治态度和政治行为。思想政治教育通过多种途径和方法促使个体接受社会所需要和倡导的政治行为准则、政治价值观念，并促使个体内化为自己的政治意识、形成自己的政治价值观念。因此，个体接受思想政治教育的过程，是了解、掌握、认同和内化一定社会的主流意识形态的过程，也是个体形成自己独特的政治价值观的过程。

4. 思想政治教育能够保证个体政治社会化的方向

思想政治教育对个体政治社会化的促进不是抽象的，而是具有特定政治内涵和政治性质区分的。我们知道，思想政治教育具有鲜明的阶级性，不同国家、不同阶级的思想政治教育理念和内容是不同的，但都是为了维护本阶级的经济利益和政治统治。因此，思想政治教育并非让个体认同每一个社会的政治思想体系和政治运行规则，也并非让其认同特定社会的所有政治价值观念，而是促使个体认同一定社会中占统治地位的政治思想和政治制度，以维护政治稳定、促进政治发展。在我国，思想政治教育就是要使个体认同马克思主义，拥护社会主义制度，遵守党的各项路线、方针、政策，明确公民的各项权利和义务，坚决反对资本主义腐朽思想的侵蚀。这就表明个体政治社会化也有一个特定的政治方向问题。思想政治教育能够促使个体认同、接受一定社会的主流意识形态，确保个体政治社会化向着社会所要求的方向发展。

（三）思想政治教育能够促进个人的全面发展

个人的全面发展是指个人的一切方面获得发展，包括德、智、体、美、劳，思维方式和行为方式，以及个性、能力、兴趣、性格、气质等方面的充分发展。从本质上讲，个人的全面发展也就是个人素质的全面提高。个人的全面发展是现实的、具体的，是需要一定的物质条件、技术条件和精神条件的。在现阶段，随着生产力的高度发展，精神方面的制约因素显得越来越突出。不可否认，精神因素包括多方面的内容，但思想政治教育是其中重要的一部分。以人为研究对象和工作对象的思想政治教育，始终以其特有的方式关注人的发展和完善，并将提高个人素质、促进个人的全面发展作为最高价值目标。

与传统思想政治教育着眼于“完成任务”或“解决问题”不同，现代思想政治教育着眼于人的发展，更加关注人的主体性要求，注重人的积极性、创造性的发挥；更加注重个体健全人格的培养、个体崇高精神境界的形成、个体良好思想品德和心理素质的培育；更加注重教育过程的民主与平等。在这种教育观的指导下，思想政治教育在促进个人的全面发展方面发挥着重要作用。

1. 思想政治教育为个人的全面发展奠定基础

素质是由先天的遗传因素及后天的环境、教育、实践活动所决定和形成的人的发展水平和发展倾向，是人从事活动和进一步发展的条件。

以素质的性质和功能为依据，可以将其分为基础素质、基本素质和专门素质。基础素质是指人发展成为社会人的物质基础和心理基础，包括生理素质和心理素质。生理素质是个人全面发展的物质生理基础，心理素质是个人全面发展的心理基础。基本素质是指个人从事各种活动都必须具备的基本条件，包括思想道德素质、政治素质、科学文化素质、法纪素质、身体素质和审美素质。专门素质是指个人从事某项活动、扮演某种角色所具备的条件，包括劳动素质、学习素质、生活素质、交往素质和角色素质。个人的全面发展内在地包含着个人素质的全面提高，而个人素质的全面提高必然要求基础素质、基本素质和专门素质的提高。心理素质作为基础素质，思想素质、政治素质、道德素质作为基本素质，它们是个人整体素质提高的基础，也是个人全面发展的基础。

思想政治教育通过马克思列宁主义、毛泽东思想、邓小平理论、“三个代表”重要思想、科学发展观、习近平新时代中国特色社会主义思想教育，通过现代科学知识教育，帮助个人树立科学的世界观、人生观和价值观，提高个人认识世界、改造世界的能力，培养个人的科学精神、民主精神和献身精神，从而提高个人的思想素质；通过政治理想、政治信念、政治立场、政治方向等方面的教育，提高个人的政治敏锐性和政治判断力，从而提高个人的政治素质；通过家庭美德、职业道德、社会公德等道德规范教育，促使个人内化道德规范、形成道德观念、发展道德判断、培养道德情感、养成道德行为、提高道德素质；通过心理教育，促使个人形成良好的个性、健全的人格、健康的情感、乐观的心态、坚强的意志，特别是培养个人不怕挫折、自强自立、积极进取、开拓创新、艰苦奋斗的精神，不断提高个人的心理素质。

思想政治教育通过提高个人的思想政治道德素质，为个人的全面发展奠定思想基础；通过提高个人的心理素质，为个人的全面发展奠定心理基础。思想政治教育就是要实现个人思想的全面发展和精神生活的全面发展。而思想、政治、道德、心理素质属于个人的基本素质，是个人的其他素质得到发展的前提和保障，是个人全面发展的基础。一个人，如果没有较高的思想道德素质，没有远大的理想和追求的目标，没有对事业、工作认真负责的态度，没有良好的心理素质，他的才能就不能得到充分发展。可以说，思想政治教育不仅可以提高个人的思想、政治、道德、心理素质，而且更为重要的是，它可以促进个人整体素质的提高，从而为个人的全面发展奠定基础。

2. 思想政治教育为个人的全面发展提供精神动力

思想政治教育铸就的是人的灵魂，是人的精神世界中最深层的部分。它通过对人的引导、启发，挖掘与弘扬人的精神世界中积极、健康、向上的精神需求，展现和不断建构人的精神世界，净化人的思想，美化人的心灵，陶冶人的性情，使人成为一种具有崇高精神境界的真正主体。这些精神素质给个人以动力，对个人的全面发展起着规范和导向作用，直接影响着个人发展的目的、价值和意义，对个人的全面发展起着定位和定向作用。

思想政治教育是对个人的一种能动造就。思想政治教育的内容通过个人的选择、接受而内化为个人的精神素质，从而产生一种强烈的自我发展、自我完善的意识，并促使个人为实现自身的全面发展而努力奋斗。在这种内化与外化的过程中，思想政治教育便成为实现个人全面发展的精神动力。它教导个人树立全面发展的自觉意识，使个人摆脱庸俗习气和低级趣味，培养个人的健康情趣；它拓宽个人的精神世界，丰富个人的精神生活，培养和开发个人的精神需求，促进个人素质的全面提高；它使个人成为积极进取的人，使个人实现由消极怠惰向积极进取的转变。没有个人在全面发展方面的自觉意识，就不可能有自觉的创造性活动，也就不可能有个人的全面发展。在现实生活中，一个人如果不知道自己合乎人之目的的需要是什么以及所渴望满足的是什么，也就是主体意识的缺失，那么他将不可能走向全面发展。

3. 思想政治教育为个人的全面发展提供指导

首先，个人的全面发展是一个实践过程。在一定的历史时期内，个人的全面发展只能是相对全面发展。个人在实践的基础上，不断认识和掌握自然规律、社会规律，并自觉运用这些规律改造世界，逐渐走向“自由王国”，达到物质和精神的全面发展。其次，个人的全面发展是一个取舍的过程。全面发展并不是平均发展，我们所说的德智体全面发展是从一般意义上讲的。对于个人来说，除了思想、政治、道德、心理素质以外，可以根据自己的兴趣和学习、生活、工作需要在其他方面发展自己。再次，个人的全面发展是一个不断调适的过程。个人的全面发展应当是和谐发展，要保持个人发展与社会要求相协调，保持个人的自由发展与其他人的自由发展相协调，保持自身各种素质的和谐发展。最后，个人的全面发展是一个动态过程。个人的发展要经历从不知到知、从知之较少到知之较多的过程。个人的全面发展不是一蹴而就的，而是一个不断积累、不断提高的过程。

思想政治教育通过对社会发展规律和人生意义的阐述，使个人形成科学的世界观、人生观和价值观，在以上这些方面给予正确指导，使个人在全面发展的过程中能够自觉遵循这些规律，从而实现充分、和谐和自由的发展。

（四）思想政治教育能够促进个体健康心理素质的形成

健康的心理是指人的认识、情感、意志、行为活动的内在关系协调，基本心理活动的内容与客观世界能够保持统一，人体内外环境平衡，个体能适应社会，人格健全，能够保持旺盛的精力和愉快的情绪。在社会主义市场经济条件下，随着社会的快速发展变化和竞争的日趋激烈，人们的生活节奏普遍加快，心理压力也日益加大，尤其是正处于青年时期的大学生，具有多种心理特点，很难承受过重的心理压力，称为“压力山大”（网络用语），有些大学生出现了不同程度的心理问题甚至心理疾病。目前，心理健康教育已经成为高校思想政治教育的重要内容。思想政治教育依据大学生身心发展特点和教育规律，通过对大学生进行心理健康教育和指导，旨在促使大学生形成正确的自我评价、积极稳定的情绪、良好的性格和坚强的意志。

1. 思想政治教育能够促使个体形成正确的自我评价

自我评价是指一个人对自身思想、愿望、行为以及个性特点的自我判断。自我评价对于人的个性发展至关重要。对于大学生来说，由于缺乏人生阅历，其对社会的认识和判断容易出现偏差，因此其自我评价容易出现问题，主要体现为评价偏高和评价偏低两个方面。评价偏高即过高估计自己，对个性、能力的肯定评价超越了自身的实际状况。评价偏低即怀疑自己的能力，放大自身的缺点和不足。

通过分析，我们发现人们容易出现的各种心理问题与自我评价的偏差密切相关。思想政治教育在引导大学生形成正确的自我评价，促进大学生心理健康发展方面，主要表现在两个方面：一方面，通过人的本质和人的全面发展理论教育大学生客观认识自我，正视个人在社会中的位置。通过理想信念教育，促使大学生追求科学高尚的人生理想，不局限于个人的小圈子不能自拔。既不能因为自己在某些方面优于别人而自满，也不能因为自己在某些方面不如别人而自惭，能够接纳自我，做到自尊和自爱。另一方面，在社会实践活动中检查和发现自己解决问题能力的不足，通过内省的方式不断调适和完善自己，从而使自我评价更加客观、独立和稳定。

2. 思想政治教育能够促使个体形成积极稳定的情绪

情绪即人们在内心活动过程中所产生的心理体验。稳定积极的情绪构成人们心理健康的重要内容。特别是大学生正处于心理发展的关键时期，心理经历着急剧的变化。有关调查表明，一些大学生的负向情绪如焦虑、抑郁、恐惧、愤怒、冷漠高于正向情绪，在情绪体验上具有丰富多变、相对不稳定的特点。

思想政治教育主要通过以下四个方面引导大学生克服不良情绪：第一，树立调整情绪的自觉意识，善于用一分为二的观点和发展变化的辩证唯物主义观点，客观看待不良情绪的存在。第二，引导大学生找出不良情绪产生的原因，以明确情绪反应是否与客观事实相适应以及所焦虑或愤怒的事物是否真正具有危险或威胁，从而对症下药。第三，引导大学生学会倾诉和合理宣泄不良情绪，以释放情绪，防止因压抑情绪而产生不良后果。第四，引导大学生掌握科学的思维方法和理性情绪的理论，以摆脱不良情绪的困扰，保持积极客观的认知，避免不良情绪的产生。

3. 思想政治教育能够促使个体形成良好的性格

性格即人对现实的稳定态度和与之相应的习惯化了的行为方式中所表现出来的个性心理特征。人的性格形成不是一蹴而就的，而是经历了从童年到青年的长期过程。而大学阶段是青年性格的定型阶段，可塑性最强。学校规章制度、纪律、舆论、评价等对学生品德的要求，校风、班风、教师的作风以及社团生活都直接或间接地影响大学生性格的形成。

思想政治教育引导大学生从兴趣发展、人际关系、心理问题的化解等方面入手，在充分了解自身优点和不足的基础上，见贤思齐，制订具体有效的个人教育计划，端正自己的言行，确定良好的性格养成途径和方法，以达到教育与自我教育的有机统一，帮助大学生形成良好的性格，更好实现自身价值。

4. 思想政治教育能够促使个体培养坚强的意志

意志即人们在经历困难的心理体验后沉淀下来的心理品质。在社会大变革时期，机遇与挑战、顺境与逆境并存。人们只有具有坚强的意志，才能淡定从容地克服生活中的困难，勇敢乐观地迎接挑战。因此，培养人的优良意志品质十分重要。思想政治教育主要通过以下几个方面培养人的优良意志品质：第一，促使个体明确意志是人成功的重要保证。人与人之间的竞争不仅体现在能力方面，而且是意志的较量。所以个体要积极自觉地锤炼自己的意志品质。第二，引导个体树立自我教育的意识，通过自我提醒、自我约束和自我反省三个环节不断提高自己的意志水平。第三，加强对个体的挫折教育。一方面帮助个体提高对承受挫折能力重要性的认识；另一方面引导个体正确对待挫折，做到不气馁，不失望，不伤感，不丧志，养成良好的意志品质。

（五）思想政治教育能够满足个人的精神需求

目前，我国社会正处在前所未有的大变革时期，经济全球化浪潮的不断推进，科学技术的迅猛发展，多元文化的冲击，价值观念的碰撞，改革开放的不断深入，都对人的精神世界产生了巨大的影响。个人在享受日益丰裕的物质生活的同时，其精神世界受到考验。这主要表现在：个人以往恪守和坚信的价值观、理想、信仰等受到冲击，个别人不同程度地出现了价值模糊、道德困惑、理想迷惘、信仰危机、精神压抑、心灵空虚、行为迷乱的现象；社会的急剧变化，竞争的日益加剧，贫富差距的扩大，使得一些人产生了焦虑、紧张、浮躁、孤独、无奈、受挫、相对剥夺感等负面情绪和心理失衡问题，造成了精神痛苦；拜金主义、享乐主义、功利主义、个人主义思想在社会上的蔓延，表明人的精神危机已达到相当严重的程度。① 面对如此复杂的情况，个人渴望得到心理关怀和人文关怀，迫切需要建构精神家园，期望寻求精神支柱，从而获得心灵上的安定和慰藉。可以说，“人们从来没有像今天这样强烈地需要相对稳定的价值观念的支撑，需要在变动不定的世界里寻求到一个安定的精神家园。然而，生活世界的变幻不定，理想信念的迷失，又使人难以弄清生活的最终意义。人往往生活在渴望理解生活的最终意义，却又怀疑生活最终意义存在的矛盾之中，生活在因缺乏稳定的价值观念而对周围世界无所适从，却又必须做出明确的自我决定的矛盾之中”②。

合理而健康的精神需求既是文明社会的重要标志，也是个人发展的

① 王勤．论思想政治教育的个体价值［J］．浙江学刊，2003（1）．
② 陈晏清．重建新世纪的价值观［N］．中国教育报，2000－10－11.

基本尺度和必要条件。一个缺乏理想、信念和信仰，精神家园缺失的人，常常只能受本能驱使，不能把握自己的人生方向，不能理性地支配自己的行为，从而无法获得真正的心灵自由。而一个心中有理想、有信念、有信仰，精神家园完整的人，则会感到充实有力，心有所依，神有所寄，生活态度乐观，思想行为积极向上，人格完善，个性和谐，意志力顽强，能够真正获得心灵上的自由和解放。正确而有效的思想政治教育，能够引导个体的精神走向，开发人的精神世界中积极、健康、向上的精神需求，不断建构人的精神世界，为人的发展提供精神支柱，激励着精神作为动力因素的发生程度，从而为个体实现人生价值提供强大的精神动力。

现代思想政治教育以科学的理论武装人，以正确的舆论引导人，以高尚的精神塑造人，以优秀的作品鼓舞人，能够帮助个体形成坚定的信念和崇高的理想，使个体形成科学的世界观、人生观和价值观，满足个体的精神生活需要，构筑个体的精神家园，使个体的存在和发展建立在科学和理性的基础之上。具体来说，第一，思想政治教育通过对个体社会心态的引导和调节，给处于精神高度紧张、心理负担日益加重的当代人以温馨的心灵抚慰，帮助个体解决思想困惑和烦恼，疏导情绪，使个体恢复心理平衡，更好地把握人生发展面临的挑战与选择，以积极、乐观、平和的心态面对社会现实和参与社会竞争。同时，思想政治教育通过对个体社会心态的引导和调节，可以激发个体充实和发展自己的愿望，促使个体成为有理想、有道德、有文化、有纪律的社会主义公民，并使个体在追求高质量的物质生活的同时更加关注自身精神生活的充实，进而使这种争取自身发展的积极性成为推动社会进步的强大动力。

第二，思想政治教育能够通过科学有效的方式来满足个体对生活、生命、人生价值认同的精神需求。思想政治教育通过广播、电视、电影、书籍、音乐、网络等媒体以及各种丰富多彩、寓教于乐的活动，使个体在追求崇高理想、陶冶高尚情操、提升精神境界的过程中得到一种自我肯定的满足感和幸福感，从而使个体获得精神上的愉悦并感受到人生的美好。思想政治教育是一项培养人、塑造人、转化人、发展人、提升人、完善人的教育活动，它所关注的是人的本质、人的价值、人生意义、人生理想等本质性、终极性的问题。而理想、信念、人生观、价值观正是人的精神家园的重要内核，是人生的精神支柱、动力源泉和实践指南。一些人出现的所谓“信仰危机”，就是缺乏内在精神支撑的表现。思想政治教育通过引导个体对人生意义和生命价值的思考，帮助个体解决人生的困惑与矛盾，超越“物”的束缚，维护至为珍贵的社会理想与价值观念，寻求人生的终极目的和真正的精神归宿。因此，建构精神家园，寻找人生的意义，坚定人生的理想与信念，为个体提供强大的精神动力和精神支柱，既是思想政治教育的神圣使命，也是思想政治教育的价值所在。

（六）思想政治教育能够指导个人解决人生的重大课题

思想政治教育包括人生观教育。它能够引导人们正确面对和处理很多现实生活问题，从而提高生活质量和幸福感。思想政治教育还包括世界观、价值观、道德观等教育，这些内容虽不被人生观所涵盖，但对于个人树立正确的人生观，正确解决人生中的各种问题，也发挥着重要作用。

个人在成长过程中尤其处在人生的十字路口，难免会出现思想困惑，迫切需要人生指导。思想政治教育针对个人的实际需要和思想发展变化规律，通过透彻的学理分析和彻底的理论说服，帮助个人了解形势，认清自己，解除思想困惑，从而把个人的认识、思维、观念和行为引入正确的人生方向，引导个人走好幸福人生路。首先，思想政治教育能够引导个人解决人生的意义问题。对人生意义问题的思考需要经过实际生活的体验和感悟，同时也需要科学理论的指导。现实生活中有的人从未思考过人生，有的人深受错误人生理论的影响，这些都需要用正确的人生观加以指导。思想政治教育能够引导个人解决人生有无意义以及回答人生的意义在哪里的问题，帮助个人确立科学高尚的人生目的从而度过积极、健康、向上的人生。其次，思想政治教育有助于个人解决人生态度问题。随着物质生活水平的提高和社会的急剧变化，人的精神状态和生活状态出现了不同程度的差异性，有的人产生了心态失衡现象，甚至表现出极端行为。思想政治教育通过开导与鼓励，引导个人正确认识社会现实，热爱生活，保持积极乐观的心态，对未来充满信心。再次，思想政治教育有助于提高个人的处世能力。人的处世能力是人生经验的积累和总结，掌握这项实用技能对于丰富人生经验，正确处理人生中的问题，具有重要的价值。思想政治教育通过理论讲授与实际生活相结合的方式，注重人生处世方面的引导教育。

（七）思想政治教育是协调人际关系的重要手段

人际关系是个体在交往过程中形成的人际联系、影响和作用。个人不是孤立的个体，而是社会中的人，总要通过交往形成各种各样的人际关系。良好的人际关系是个人生存和发展的必要条件，同时，人际关系对人的行为和心理健康具有重要影响。尤其是在现代社会，随着市场经济的发展，社会分工日趋扩大，人与人之间的依赖程度不断加强。无论是在工作中，还是在生活中，人与人之间的联系不断深入，交往不断增多，人际关系的重要性更加突出。

1. 思想政治教育能够沟通人际联系，加强人际交往，增进相互理解

人与人之间的许多隔阂常常是由于缺乏沟通或理解造成的。思想政治教育通过个别谈心、开座谈会等形式为人与人之间的沟通和交流提供了一个平台。个人将自己的想法表达出来，能够增进相互间的认识和了解，加强沟通和交流，纠正自己认识上的偏差和心理上的偏差，克服一些狭隘心理和模糊认识，缓解和释放自己的情绪，打破人际僵局，增强人际关系的亲和力。同时，思想政治教育通过沟通、说服、宣传等方式，使个人认识到人与人之间进行交流和沟通的必要性和重要性。这样，个人经过长期的理论教育和实践感染，就会将这种意识内化为自我意识，并逐步外化为自己的行为和行为习惯，从而在实际生活中自觉、主动地和他人进行交流，不断消除隔阂，加深感情，为建立良好的人际关系准备条件。

2. 思想政治教育能够化解人与人之间的矛盾，理顺各种关系

由于个体都处在特定的小环境里，有着不同的利益要求，人与人之间的利益矛盾和冲突也是客观存在的。有些矛盾不在国家行政管理、法律控制和国家机器的强力约束范围之内，这就需要思想政治教育的启发、说服和规劝。首先，思想政治教育通过说理引导、熏陶感染等方法使个人认识到人与人之间的兴趣、爱好、思维方式是有差别的，人与人之间在根本利益一致的同时也存在一定的利益矛盾，同时人与人之间是

相互依赖、相互依存的，这就需要相互谦让、相互理解、相互宽容，做到求大同，存小异。其次，思想政治教育通过谈心、开会、网络交流、心理咨询等方式为个人提供了一定的宣泄渠道，使一些不良情绪和怨气得到了及时发泄和疏解，从而避免矛盾升级和扩大。此外，思想政治教育工作部门通过沟通梳理，促使和会同有关职能部门解决遗留问题，从而有效地缓解人际冲突，引导个人正确认识和处理矛盾、冲突，着力建立团结、互助、友爱、平等的人际关系，从而形成一个同心同德、齐心协力、共同发展的良好局面。

总之，人际关系的性质取决于经济关系的性质，我国的社会主义公有制决定了人与人之间应该是团结互助、平等友爱的人际关系。但是，不可否认的是，在现实生活中，由于人的知识构成、认知能力、思维方式、性格等方面的差异以及人与人之间利益矛盾的存在，人与人之间在很多时候必然存在着矛盾乃至冲突。因此，人际关系的协调便显得十分必要。诚然，协调人际关系的方式是多种多样的，但思想政治教育作为一种软手段，在构建和谐的人际关系方面发挥着不可忽视的作用，是协调人际关系的重要手段。

（八）思想政治教育是调控个体行为的重要方式

思想政治教育能够调控个体的行为，就是指思想政治教育对个体思想、行为的规范性，它肯定符合思想政治教育方向、目标的思想、行为的正确性，界定偏离思想政治教育方向、目标的思想、行为的不合理性，排斥干扰、冲击思想政治教育方向、目标的思想、行为。思想政治教育的方向性和规范性是不可分割的。如果把方向性与规范性割裂开来，那么方向性就会成为无规无范的、飘忽不定的想象与意愿，规范性就会成为没有一定取向的、随意设置的条条框框。从实际情况来看，由于现代社会具有开放性、复杂性、多样性、多变性，个体的思想和行为也呈现出多层性、多样性、多变性的特点。针对这种情况，如果我们仅用一种原则的、抽象的思想观念进行引导，而没有明确的规范加以约束，就很难将个体的思想、行为引导到一个基本一致的方向上来，甚至会出现很多思想越轨、行为失范现象。没有规矩，不成方圆。在现代社会，我们必须重视思想政治教育在调控个体行为方面的作用。

思想政治教育无疑要使个体的行为遵循着一定的规范。这种遵循不是命令而是从内心发出的自觉自愿行为。思想政治教育不是依靠强制手段，而是依靠社会舆论、依靠个体的价值判断、依靠个体的良知和传统习惯，来调节、控制个体的行为。如果个体的行为偏离了思想政治教育目标，他就会受到社会舆论的谴责，就会面对一定的社会压力，这样，他就会纠正自己的行为，并使自己的行为朝着符合思想政治教育目标的方向发展。如果个体的行为符合思想政治教育的目标，就会得到社会的认可或赞扬，他就会更加坚定自己的行为。也就是说，思想政治教育通过软尺度对符合思想政治教育方向、目标的行为进行肯定，而对偏离思想政治教育方向、目标的行为进行纠正。

（九）思想政治教育是促使个体提高法律素质的重要途径

随着我国民主法治进程的不断加快，特别是在全面建成小康社会的今天，我国处在法治社会建设的关键时期，个人作为社会主义建设者，如果没有较高的法律素质，将很难适应时代发展的需要，甚至会违法犯罪。思想政治教育通过法治观教育，能够促使个体提高法律素质。

1. 增强个体的法律意识

法律意识是人们关于法律现象的知识、观点、思想和心理的总称，主要包括对法的本质与作用的看法，对现行法律的理解和评价，对自己和他人权利与义务的认识和对人们的行为是否合法的评价等。

法律意识教育是思想政治教育的重要内容，但由于客观条件的限制，对个体的法律意识教育还没有达到理想的效果。增强个体的法律意识，思想政治教育的作用不可替代。我国要建设的是社会主义法治国家、法治政府和法治社会，国家的一切活动将逐步纳入法治的轨道。思想政治教育通过法治理念和知识教育引导个体理解法律至上的含义，对法律的公正、公平充满信心，认识到法律的神圣不可侵犯性，用法律准绳来规约自己的言行，从自身出发，做遵法、学法、守法、用法的模范。

法律意识需要以一定的法律知识为基础。对于高校思想政治教育而言，要以“思想道德修养与法律基础”课堂为主渠道，提高大学生的法律意识。第一，教师要经常深入大学生之中，及时了解他们的思想动态以及所关心的法律问题，以便在教学中根据大学生的实际需要，调整教学内容。第二，重点选择与大学生生活有一定联系的法律法规作为重点教学内容，如民法、刑法、消费者权益保护法、劳动法等。第三，要采用灵活多样的教学方式方法。如课堂讨论、案例分析，结合多媒体教学方式，将法律知识的讲授与发生在大学校园里的具体案例相结合，以激发大学生的学习兴趣，增强理论联系实际的能力。

2. 培养个体的法治思维方式

法治思维方式是用法治的原则认识、分析和处理问题的一种思维方式。对于大学生来说，掌握的书本知识比较多，但缺乏运用法治思维方式思考与处理问题的能力。因此，培养大学生的法治思维方式十分重要。第一，高校思想政治教育要利用学校的资源，尽力为大学生提供参与法律实践的机会。如开展法律知识竞赛、模拟法庭等活动，在实践中培养大学生运用法律知识分析实际问题的能力。第二，通过课堂外的法律咨询、旁听法院对具体案例的审理等活动，促使大学生在法律实践中明辨是非，学会运用法律途径处理现实的纠纷。第三，通过对大学生违法违纪案件的查处，利用案件处理的法律效果，促使大学生从思想上重视对法律的学习，在行为上对法律严格遵守，从而养成法治思维方式和行为习惯。

第四章

思想政治教育个体价值实现中存在的问题及原因分析

近年来，我国的思想政治教育工作得到了长足发展，取得了很多成就。越来越多的人开始关注思想政治教育个体价值在整个思想政治教育活动中的作用，丰富了思想政治教育理论成果，并在实践中积累了经验，但是思想政治教育个体价值的实现还存在一些问题。了解思想政治教育个体价值实现的现状，深入分析思想政治教育个体价值在实现过程中存在的问题及原因，是进一步研究思想政治教育个体价值实现途径的前提和基础。

一、思想政治教育个体价值实现的现状

在思想政治教育价值体系中，个体价值是其重要组成部分。由于个体价值内容比较丰富，与其相关的内容从古到今都有展现。比如，《礼记·大学》里提出“修身治国平天下”，体现了古代对道德教育和个人修养提升的重视；孔子提出“因材施教”的教育思想，即根据受教育者的爱好、性格、能力等具体状况有针对性地进行教育，强调了受教育者的个体差异；杜甫、范仲淹、戚继光、林则徐等爱国志士们的家国情

怀深刻反映了个人发展对国家和民族整体的重要性。

“当代中国社会发展越来越重视确立关于人的主体性、人的能力、人的个性、人的自由、人的独立人格、人的权利和人的价值方面的价值观。在中国特色社会主义条件下，‘人的全面发展’充分体现‘以人为本’的价值导向原则。”① 作为承担着培养高层次人才重要使命的高校，应牢固树立德育为先、以人为本的教育理念，将立德树人贯穿和落实到思想政治教育活动的全过程。另外，要深刻认识到思想政治教育个体价值在高校思想政治教育价值体系中的重要地位，把培养人、塑造人、教育人进而促进人的全面发展的理念融入高校思想政治教育工作的各个环节中，实现以人为本与因材施教的有机统一。

近年来，各高校已经充分认识到思想政治教育个体价值的重要性，更加重视以大学生的道德、心理、品质、精神等方面为切入点不断开展形式多样的思想政治教育活动，及时发现他们存在的问题并采取有效措施解决问题。而在整个思想政治教育过程中，教育者发挥着不可替代的主导作用。因此，党的十八大以来，国家先后出台了一系列高校思想政治教育队伍培养规划、意见等，努力建设一支专职为主、专兼结合、数量充足、素质优良的思想政治教育队伍，不断提高这支队伍的整体素质与能力。同时，高校不断改进思想政治教育方式，以适应新时代发展变化的思想政治教育状况。在实施思想政治教育的过程中，更加重视受教育者的心理发展特点和规律。比如，遵循受教育者心理发展的阶段性，针对不同年龄阶段的受教育者，根据实际状态选择不同的思想政治教育

① 季明．核心价值观概论［M］．北京：人民日报出版社，2013：195.

内容和方法；遵循受教育者心理发展的顺序性，根据由浅入深、由简到难、循序渐进的原则进行思想政治教育活动；遵循受教育者心理发展的不平衡性，受教育者有其发展的关键期和最佳期，在受教育者心理发展的关键期和最佳期内开展思想政治教育，以更好地实现思想政治教育的个体价值；遵循受教育者心理发展的个体差异性，深入了解个体间的特征和差异，充分调动受教育者的积极性、主动性，挖掘其潜力，有的放矢地进行思想政治教育。

思想政治教育个体价值的实现不仅有助于我国的精神文明建设，而且有助于社会矛盾与冲突的解决。但是思想政治教育在培养人、塑造人、教育人的过程中还存在着不同程度的问题，如以下三个大学生的案例说明了思想政治教育个体价值的实现还没有引起应有的关注。

案例一：马加爵杀人案。马加爵因为生活琐事与大学室友发生矛盾，产生了杀人的念头。经过计划和准备，他将四名室友杀害。马加爵杀人的原因不仅在于法律意识的缺乏，更在于道德修养的欠缺和心理问题的积累。通过这个案例，我们需要思考思想政治教育个体价值实现过程中存在的一些问题，思想政治教育对个体思想和行为的引导作用没有得到充分发挥，进而不能把个体的思想和行为引导到符合社会发展要求的正确方向上来。马加爵杀人的行为并不是偶然的，这与其人格的极度扭曲和心灵的极端贫乏密切相关。而思想政治教育个体价值的实现理应包括个人人格与心灵的完善与发展。但长期以来，我们更多关注思想政治教育的社会价值，强调个人对社会的推动作用以及对社会的贡献，而对思想政治教育的个体价值，即促进个人全面发展的重视不够。这种认识的偏差导致思想政治教育的个体价值得不到充分实现。在具体的教育实践中，思想政治教育个体价值的实现不是基于受教育者的内在需要，而是成为一种单纯的外在灌输，因此思想政治教育对受教育者的思想观念、精神品质、道德行为、心理素质等方面的引导作用没有得到真正发挥，难以促进受教育者人格与心理的完善和健康发展。

案例二：药家鑫交通肇事故意杀人案。大三学生药家鑫驾车撞倒张某，下车后没有救人而是拿出刀具连捅数刀致使受害人死亡后驾车逃跑。案件的深层原因主要在于道德水平差和心理不健康。通过这个案例，我们不得不思考高校在德育、心理健康教育等方面存在的问题以及重视思想政治教育个体价值的重要性和必要性。如果大学生没有良好的道德素质和心理素质，对他们进行知识的训练和科研能力的培养又有何用？思想政治教育不仅要满足受教育者的基本需求，而且要提高包括思想道德素质和心理素质在内的综合素质，尤其是关注个体的心理，促使其成为全面发展的人。

案例三：林森浩投毒案。研究生林森浩因日常琐事对室友黄某不满，所以投放毒物加害黄某，导致黄某中毒身亡。通过这个案例，我们需要对思想政治教育的价值进行思考。在传统的思想政治教育中，我们认为思想政治教育者是主体，具有主导性和权威性，强调其主体地位和作用，受教育者是客体。受这种教育观念的影响，就难免会出现思想政治教育者将自己的思想与意志强加给受教育者使他们被动接受并服从的情形，而受教育者的实际情况没有得到应有的关注。这样不但抑制了受教育者主体意识的觉醒，而且阻碍了受教育者的发展。当今，随着受教育者主体意识的不断觉醒，在社会更加强调个人全面发展的条件下，传统思想政治教育价值观念引发了思想政治教育个体价值实现的缺失。为了适应个人发展和时代发展的需要，我们要转变传统观念，在关注每个受教育者的基础上更加注重其道德、人格、精神、心理的培育。

总之，在长期的思想政治教育实践中，我们更加重视思想政治教育的社会价值，即强调并着重发展思想政治教育中个体对社会发展的促进作用；而缺乏对思想政治教育个体价值的关注，即给予思想政治教育对个体自身的发展重视不够。这种倾向不但忽视了思想政治教育个体价值的发挥而且导致思想政治教育社会价值与其个体价值的发展相分离，进而难以充分发挥思想政治教育的整体功能。

无论从理论上还是在实践中，思想政治教育的个体价值在思想政治教育价值体系中都居于重要地位。只有重视思想政治教育个体价值的实现，才能推动思想政治教育的创新发展，提高思想政治教育的实效性。

二、思想政治教育个体价值实现中存在的问题

在日益关注思想政治教育个体价值实现的过程中，我们发现还存在一些问题，具体体现在思想政治教育者、受教育者、教育内容、教育方法和教育环境诸多方面。

（一）思想政治教育中教育者存在的问题

1. 部分思想政治教育者在教育理念上存在误区，忽视个体价值

思想政治教育者在教育活动中处于主体地位，其思想观念、行为举止对思想政治教育个体价值实现的实际效果起着重要作用。在具体的思想政治教育实践中，部分思想政治教育者存在对思想政治教育的个体价值重视程度不够的问题。他们一味看重思想政治教育的社会价值，强调社会功能的发挥，忽视个体价值存在的意义，淡化了思想政治教育在个

体道德、情感、人格培养等方面的作用，突出表现在两个方面。

一方面，部分思想政治教育者忽视受教育者的个体差异性。由于年龄、民族、地域、性格、认知、家庭成长环境的不同，每个个体都具有独立的个性而区别于其他的个体而存在。在思想政治教育实践中，教育者往往缺乏对受教育者个体实际状况的关注，疏忽于对受教育者个体差异的了解与分析。正因为不能准确把握受教育者的个体差异，思想政治教育者不能针对受教育者的不同思想、性格、情感状况有的放矢地进行教育，而是采用相同的方法解决所有受教育者的问题。所以，忽视受教育者的个体差异性，将不能正确了解受教育者和解决受教育者的相关问题，同时，忽视受教育者的个体差异性，将会导致受教育者创新能力的不足。思想政治教育者运用统一的方法和模式对全部受教育者进行思想引导，不但会压抑受教育者的个性，而且会抹杀其思想上的火花，从而阻碍其创新能力的发展。

另一方面，部分思想政治教育者忽视受教育者的个体独立性。思想政治教育者普遍认识到以人为本的重要性，但是在教育实践中对个体独立性往往重视不够，如对受教育者人格、尊严和价值观的培育不够。另外，思想政治教育者容易忽视对受教育者进行独立思考能力、独立判断能力、独立决策能力和独立生活能力的培养，从而不能正确引导受教育者的个体独立性，导致受教育者在思想政治教育过程中因缺乏相关独立能力而处于被动地位，其思想和行为容易出现偏差。

2. 部分思想政治教育者缺乏对受教育者思想意识的关注

在很长一段时间，受升学、就业等功利化倾向的影响，思想政治教育的个体价值的实现没有受到应有的重视，思想政治教育者缺乏对受教育者思想意识的关注，主要表现在三个层面：首先，在思想层面上，主要包括思想品质、心理品质、政治品质、道德品质和品德能力；其次，在观念层面上，主要包括世界观、人生观、政治观、道德观、价值观；最后，在心理层面上，主要包括知、情、信、意、行。部分思想政治教育者仅停留在对受教育者进行理论说服与灌输，缺乏对其道德品质、情感、心理等方面的关注以及世界观、人生观、价值观、道德观、政治观的引导。

3. 思想政治教育队伍建设有待进一步加强

当前，按照党和国家的要求，我们已经建立了一支高素质的思想政治教育工作队伍，但从整体来看这支队伍还不够健全和完善，如人员配备有待充足、评价机制有待进一步完善、激励力度有待加强，这在一定程度上影响了思想政治教育个体价值的实现。

（二）思想政治教育中受教育者存在的问题

1. 部分受教育者的道德观出现偏差

受教育者的道德观状况直接体现着我国道德教育的成效，也关系到祖国的未来。事实上，个别受教育者开始出现背离社会主流道德观的问题，进而导致其越轨现象的发生。另外，个别受教育者的道德观与道德行为之间出现不一致的情况，他们虽然能够确立正确的道德观，但在实际行动上不能践行自己的道德观。同时，随着受教育者道德观的日益个性化发展，道德观与终极价值观的矛盾不断升级。

2. 受教育者的心理问题不断突出

伴随着自我意识的日益增强，受教育者越来越注重自我价值的完善和实现。由于多数受教育者在成长过程中受到父母过多的关注，存在着比较普遍的以“自我”为中心的思想，特别是独生子女。他们自我意识强烈，内心敏感，自尊心比较强；在日常生活中，往往倾向于站在自己的立场上对待人和事。同时，当遇到挫折时不能自我排解，承受力较差，无所适从，萎靡不振，甚至出现心理问题。

当然，大部分受教育者基本具备现代心理健康的观念，但仍存在不同程度的心理问题。如一些受教育者心灵脆弱、意志薄弱，抗挫能力差，在遇到困难或不如意的事情时，就会情绪失控引发心理问题，丧失前进的动力，甚至会做出过激行为。另外，一些受教育者出现心理问题后内心排斥与心理健康咨询人员的心理沟通，进而不能有效解决其存在的心理问题。心理问题的长期积累容易引发受教育者的心理抑郁、变态甚至自杀等问题。如今，随着社会竞争的加剧和压力的增大，受教育者的心理问题日益凸显，心理健康教育迫切需要加强。

3. 部分受教育者的情感缺失

在待人接物时，部分受教育者表现出事不关己高高挂起的冷漠态度，不懂得关心爱护别人，不善于与人进行正常的情感沟通和交流，不会表达合理正常的情感诉求。

4. 部分受教育者的个体社会化意识不强

部分受教育者的个体社会化意识不强，主要表现在政治意识和个人主义方面。部分受教育者权利意识强烈，关注政治，向往民主，思维活跃。但是受教育者的思想尚处于成长阶段，由于缺乏实践的历练和政治经验的积累，容易受到错误思潮的影响。面对西方关于资本主义制度优越性和个人主义的宣传，一些受教育者甚至会对我国历经千辛万苦探索出的社会主义制度产生曲解，对我们积极倡导的集体主义价值观的重要性和必要性产生怀疑。同时，产生个人主义思想，以自我为中心，把自己的发展与国家、社会的发展分离，认为国家、社会的发展与自身发展没有多大关系，出现个体社会化意识薄弱的问题。这种倾向会导致受教育者对思想政治教育个体价值的内涵认识出现偏差甚至造成误解。另外，一些受教育者的个体社会化意识还存在着吸收、消化、运用过程中的薄弱问题，如在这三个阶段中对个体社会化是思想政治教育个体价值的内在要求缺乏正确认识，单纯认为思想政治教育个体价值就是个体的全面发展，与社会发展没有关系。

（三）思想政治教育个体价值的教育内容存在的问题

目前，思想政治教育个体价值的内容较为单一，在针对性和系统性上存在问题。教材或相关书籍对一些相关丰富的思想政治教育个体价值的内容没有完全合理的体现。一些关于思想政治教育个体价值的书籍，内容单调乏味，没有结合个体已有知识背景和身心发展状况，没有融入现代社会发展面临的一些问题，缺乏丰富性、时代性、趣味性，从而削弱了对受教育者的吸引力。同时，人们对思想政治教育个体价值体系前沿领域的研究较少，其内容缺乏与时俱进与创新的鲜活性，这在一定程度上减弱了对受教育者的说服力和感染力。

（四）思想政治教育个体价值的教育方法存在的问题

1. 思想政治教育个体价值的教育方法呆板，以灌输为主

“思想政治教育课程化之后，思想政治教育实践性特点被消解为知识性训练和分数操纵，有学者称之为德育的知识化。”① “所谓德育的知

① 赖雄麟，邵晓军．马克思主义历史观视角下的思想政治教育个体价值之维［J］．学校党建与思想教育，2014（17）．

识化，就是道德教育将道德之知，等同于道德知识，并以知识传授方式，进行道德教育，这样一来，受教育对所获得的只是被过滤和简单化了的德育知识，思想政治教育的知、情、意、行复杂过程，被简化为知识传授过程。”① 把思想政治教育的复杂过程理解为简单的知识传授过程，主要采用灌输的方法向受教育者传播思想政治教育个体价值中的知、情、信、意、行内容。这种方式对于个体从认知层面理解一定的规则、规范具有一定的作用，能够让个体明白应该做什么、不应该做什么。但仅仅让个体知道这些规范、规则是不够的，因为这种教育方法比较单调乏味，不但简化了思想政治教育个体价值的教育方法，而且会影响思想政治教育个体价值的真正实现。当前一些高校仍采用理论灌输为主的教学方法进行思想政治教育个体价值的教育，在不了解受教育者实际和需求的情况下，不与其进行平等交流与沟通，而是让受教育者消极被动地接受一定的规则、规范。这种单一的教学方法缺乏灵活性、选择性和吸引力，导致教育效果苍白无力。

2. 教育方法缺乏实践性且理论与实践相分离

思想政治教育个体价值的实践性即通过思想政治教育使受教育者的实践能力得到增强，以更好地满足受教育者的需求，提高其综合素质，使其更好地适应社会生活。但在高校实际的思想政治教育个体价值教育中往往以理论讲解为主，与之相对应的实践活动较为缺乏。这种倾向导致受教育者不能将所学理论运用到现实生活中，也使思想政治教育个体价值教育成为无源之水、无本之木，使受教育者学到的相关理论不能学

① 鲁洁. 边缘化 外在化 知识化——道德教育的现代综合症［J］. 教育研究，2005（12）.

以致用。

此外，虽然一些高校通过一定形式使受教育者了解到马克思主义的以人为本思想、个人的自由全面发展理论等以及这些理论在思想政治教育个体价值实现中所发挥的重要作用，但在思想政治教育个体价值教育中并没有将这些理论贯穿其中，因此出现了理论与实践相分离的现象。一些受教育者认为他们所接受的思想政治教育形式主要是理论灌输与说服，总体上是重理论而轻实践的，比如以贯彻以人为本思想和全面发展理论为例。目前受教育者的独立性和自主性较强，对灌输方式比较排斥。因此，以理论灌输为主和重理论轻实践的方式容易导致受教育者产生抵触心理，他们会认为以人为本思想和全面发展理论和思想政治教育个体价值教育没有多大关系，最终对个体价值理论没有实质性的认识，也难以在实践中运用。另外，一些思想政治教育者仅仅局限于书本上理论知识的讲解，习惯于照本宣科，缺少理论与实际的联系，致使一些受教育者对社会主义核心价值观、中华民族伟大复兴的中国梦等理论比较熟悉，但不理解这些理论的精髓和实质，不懂得在现实生活中如何运用。只有理论与实践相结合，才会使受教育者对理论有更深刻的理解和思考，反之，受教育者则会对理论感到困惑乃至厌倦，教育的预期效果也难以达到。

（五）思想政治教育个体价值教育环境存在的问题

思想政治教育个体价值的实现离不开一定的环境。良好的思想政治教育环境有助于个体形成正确的政治观点、思想观念和行为方式，不良的思想政治教育环境不利于综合素质的完善和发展。思想政治教育环境的好坏对个体价值的有效实现产生重要影响。根据影响范围来划分，思想政治教育环境包括宏观环境和微观环境，宏观环境即经济环境、政治环境、文化环境、社会环境等，微观环境即家庭、学校、社区等具体环境。从宏观层面讲，社会变革带来的社会多层次的变化，需要思想政治教育来理解和适应这种变化，并服务于社会发展所提出的适应个体价值实现的新目标，努力解决当今社会出现的各种思想问题。从微观层面讲，家庭和学校环境尤其重要。家庭是一个人来到世界上遇到的第一个环境，能够对个体的思想道德观念产生更直接、具体、深远而持久的影响。但在当今社会，由于竞争特别激烈、工作压力较大，一些父母整日忙于工作，仅仅重视对孩子的物质付出而忽视了对孩子的世界观、人生观、价值观教育。还有，有的父母只重视学习成绩，片面认为孩子学习成绩好，再上些兴趣培训班，就是全面发展了，而不关注孩子的思想发展状况特别是思想道德素质。此外，学校是对个体进行思想道德教育的关键环境。但相当一部分学校把学生考试成绩、技能大赛成绩放到至关重要的位置，对校园文化环境等精神环境建设重视不够，缺乏对学生进行思想道德教育和引导，致使学生对成绩印象深刻而对思想政治教育个体价值的实现缺乏全面认识。

三、影响思想政治教育个体价值实现的原因

在分析了思想政治教育个体价值实现中存在的问题后，我们需要弄清这些问题背后的原因，以便于有针对性地解决问题。

（一）思想政治教育中的教育者

1. 部分思想政治教育者深受传统思想观念的影响

“由于历史原因造成我国长期流行集体主义，重视社会价值。这种

观念深入人心，所以在判断人生价值的标准上，就会取决于对社会贡献的大小。这种思想政治教育价值观念中，长期影响着我国思想政治教育者以及广大的群众。尤其我国长期以来受集体主义思想引导，普遍重视社会价值而忽视作为个体价值标志之一的个体独立性。而个体独立性表现为个体能够进行自我支配、自我控制、自我发展以及自我完善。按照集体主义文化的标准，人类生存的基本单位是群体，而非个人。"①由于深受这种传统教育观念的影响，思想政治教育者长时间以来过多强调思想政治教育的社会价值而缺少对其个体价值的关注，他们对个体价值的相关理论的重视需要一个过程，在短期内很难提升个体价值的地位，具体表现在以下两个方面。一方面，一些思想政治教育者不能从人和社会发展需要的角度来认识思想政治教育作为客体对主体需要的满足和效用。另一方面，一些高校的思想政治教育者没有准确的自我定位。部分思想政治教育者在教育过程中把自己视为掌握主动权的主体，把受教育者视为被动接受的客体，采用"我讲你听"的灌输式教育模式，进而导致对受教育者的引导以支配为主，阻碍了受教育者自主性的发挥。同时，在思想政治教育个体价值的教育过程中，思想政治教育者发挥着主导作用，居于主体地位，而受教育者处于被动地位，因此其实际状况得不到应有的关注，最终导致受教育者的真正需求很难得到满足，进而影响思想政治教育个体价值的实现。此外，思想政治教育者往往根据个体的共性制定教育目标和任务，并且用几乎同样的方法应对所有个体，导致个体的差异性得不到重视。而每个人具有个体独立性，有着不同于他

---

① 田学军．个体独立性在东西方文化中的对比研究［J］．曲靖学院学报，2009（5）．

人的个性和特点。忽视个体的差异性，用相同的方法教育和引导个体，将无法全面了解与认识个体，导致思想政治教育个体价值实现的质量受到影响。

2. 部分思想政治教育者对思想政治教育的个体价值认识不足

一些思想政治教育者没有意识到思想政治教育个体价值的重要性，对其了解和研究较少，不能与时俱进地学习和研究思想政治教育个体价值的相关理论，对受教育者的现实状况了解甚少，惯用传统认识和思维方法看待发展变化的社会环境。另外，当前仍有一些思想政治教育者基础理论不扎实，不能深入、准确领会思想政治教育的内容、目的和要求，甚至出现表里不一、言行不一的现象，不能对受教育者起到示范作用，就会使思想政治教育个体价值的实现打折扣。

3. 思想政治教育队伍构成人员复杂，缺乏相关学习与培训

相对于受教育者的数量而言，相当一部分高校的思想政治教育队伍配备数量不足，一个思想政治教育者要承担十几个甚至几十个受教育者的任务，工作难度高、强度大。思想政治教育者来源广泛，有的是专任教师，有的是行政管理人员。其所学专业涉及教育学、法学、经济学、文学等多个领域，对思想政治教育的认知与重视程度也有差别，特别是一些教育者对思想政治教育个体价值的认识不到位。同时，由于一些思想政治教育者没有受过专业训练，他们很难在短时间内提升教育水平，这就导致一些思想政治教育者缺乏对个体价值的重视，不能从根本上解决受教育者的问题。

思想政治教育者对思想政治教育的认识水平参差不齐，综合素质也存在差异，势必影响他们对思想政治教育个体价值的认知与践行。同时

一些思想政治教育者身负多种角色很难把全部精力投入到思想政治教育个体价值教育中，他们往往在不深入了解受教育者具体问题的情况下，沿用传统教育方式和内容对教育者进行照本宣科式的理论灌输。由于创新精神的缺乏，他们不能与时俱进地更新教育理念、内容和方式，难以深入进行思想政治教育个体价值的教育。

（二）思想政治教育中的受教育者

1. 受教育者受思想政治教育者传统思想观念的影响

受教育者对思想政治教育个体价值的认识尚处于初始阶段，还不能明确认识到自己作为独立个体的意义以及建立在此基础上对社会的贡献，主要原因在于：一方面深受我国长期形成的集体主义观念的影响；另一方面在于受教育者对个体价值的自我认识不足，既不能全面准确认识自身价值，也不能完全理解自身价值的作用，致使受教育者自身在思想政治教育过程中处于被动接受的地位，进而缺乏对思想政治教育个体价值的理性认识。

在思想政治教育个体价值实现过程中，受教育者个体社会化意识薄弱，出现认知偏差的原因在于不能准确理解思想政治教育个体价值的真正内涵以及与社会价值的关系。以往过多强调其社会价值的思想政治教育会使受教育者产生逆反心理，容易使部分受教育者走向反面或者另一个极端即以个人为中心而摆脱了人的社会性。马克思主义历史观告诉我们，人既具有自然性又具有社会性，受教育者是社会人，具有社会性，所以无法脱离外界的影响。由于思想政治教育将其的社会价值与个体价值相分离，形成两个独立的价值教育部分，因此出现以及对一部分的侧重，对另一部分缺乏应有的关注。实际上，思想政治教育的社会价值和个体价值是共同发展、相互促进的关系，两者都不能偏废，不能顾此失彼。

2. 受教育者缺乏对思想政治教育个体价值的深入思考

随着受教育者个体独立性的提升，其自我意识不断增强，但是缺乏对思想政治教育个体价值深刻全面的认识，致使受教育者不懂得怎样树立和培养科学全面的个体价值观，进而影响其对思想、情感、道德、心理等方面的认识，最终使受教育者不能全面发展与提升个体价值观。

受教育者由于不能深入理解和把握个体价值的内涵、内容及意义，因此不能合理判断和正确处理个体在成长与发展过程中自身思想、心理、情感等变化，甚至在出现自己无法解决的问题时也不向他人寻求帮助，致使问题长期得不到有效解决而变得越来越复杂。有些受教育者不能正确处理个体价值与社会价值的关系，片面追求自我利益，只关注“小我”，对“大我”视而不见，将影响其对个体价值的全面认识，制约思想政治教育个体价值的实现。

（三）思想政治教育个体价值的教育内容

1. 针对性不强

思想政治教育个体价值的教育内容主要以马列主义、毛泽东思想、邓小平理论、“三个代表”重要思想、科学发展观和习近平新时代中国特色社会主义思想为支撑。用这些理论来阐明、揭示思想政治教育的个体价值是非常必要的，但是缺乏对当今受教育者个体价值教育的现状、存在的问题和解决方案的分析。

2. 创新性不足

我们对于新时代思想政治教育个体价值发展的新特点、新任务和新规律了解不够，面对当今出现的新问题，已有的思想政治教育个体价值教育内容很难解决。如，思想政治教育个体价值的内容没有与时俱进，缺乏对如今思想政治教育个体的发展的深刻分析与总结以及前沿问题的研究。

随着社会的发展和时代的进步，思想政治教育个体价值的内容也需要不断更新与变化，以符合受教育者的需要和时代变化的要求。一成不变、不跟随时代前进的步伐将导致思想政治教育个体价值的内容脱离现实而不能让受教育者理解、认同、接受，最终被束之高阁。另外，思想政治教育个体价值的内容创新性不足，很多文献与资料都是以马列主义经典理论为基础从社会价值层面阐释个体价值，没有用更丰富的理论充实思想政治教育个体价值的内容，没有形成独立的内容体系。

3. 前瞻性缺乏

思想政治教育个体价值的内容具有滞后性，不能随着时代的发展不断发展，不能有效应对新出现的问题，也不能有效满足受教育者不断增长的需求。

4. 内容体系不完善

虽然思想政治教育个体价值的相关内容和理论比较多，但是相对比较零散，没有形成完整的体系，致使思想政治教育个体价值教育缺乏系统的理论指导，针对性、逻辑性、层次性相对缺乏。

思想政治教育个体价值没有根据一定的内部联系和秩序组成一个整体，即思想政治教育个体价值缺乏相关内容和理论的相互联系，其系统没有构成一个发挥特定功能的有机整体，具体体现在思想政治教育个体价值的目的、要求、内容与发展等方面因缺乏相互联系而不能协调发展。

（四）思想政治教育个体价值的教育方法

1. 思想政治教育个体价值教育的出发点出现偏差

一方面，由于思想政治教育个体价值教育的出发点出现了问题，一些思想政治教育者对受教育者的差异性和个体独立性缺乏关注。特别是有的思想政治教育者不能从个人的全面自由发展出发，忽视个体思想意识的独立性和差异性，致使思想政治教育个体价值教育从切入点上就偏离了轨道，而且冲淡了其基本要求和本质特征，造成思想政治教育个体价值教育的扭曲，最终难以达到应有的目的。思想政治教育者应根据受教育者的不同、教育情景的不同、教育内容的不同，采用灵活多样的教学方法，以推动思想政治教育个体价值的实现。

另一方面，思想政治教育个体价值的教育常常以理论讲授的方式为切入点，缺乏对实践重要性的认识，造成思想政治教育个体价值实践功能不足。实践是思想政治教育个体价值体系的来源，也是思想政治教育个体价值的检验标准。

（2）思想政治教育个体价值教育方法单一、陈旧

思想政治教育个体价值教育以灌输为主，方法单一、落后。当然，过去有的教育方法在当今时代依然是十分有效的，但社会的不断发展变化要求思想政治教育方法也需要不断创新。只有不断创新教育方法如采用启发式、互动式教学方法，才能适应社会发展的要求，才能促进思想政治教育个体价值的实现。一些思想政治教育者通过授课、讲座、讨论和会议等传统方式进行教育和引导，由于缺乏新颖性，受教育者可能会产生厌倦、排斥的心理，难以发自内心地认同和接受。同时，灌输方式容易使教育者处于中心地位，变成教育者单向教育、受教育者被动接受

的状况。此外，思想政治教育者由于与受教育者之间缺乏相互沟通与交流，且不能设身处地地站在受教育者的角度考虑什么样的方法与方式更有助于受教育者接受，因此思想政治教育者不能与时俱进地探索新的教育方法。

在教育活动中，思想政治教育者多采用灌输的方法，采取我说你听式的单向讲授方法，将自己的思想理论灌输给受教育者，忽视受教育者的内心体验，导致受教育者思想麻木，产生逆反心理，对教育内容失去兴趣。思想政治教育者和受教育者缺乏互动，教育者有时采用填鸭式的灌输的方式使受教育者接受这些思想理论、政治观点、道德观念。这种僵化、教条的方式只是单向传授而忽视受教育者个体的实际需求，不关注受教育者的实际情况，忽视了内化与外化规律，导致受教育者对教育内容的排斥和反感，进而影响受教育者对思想政治教育个体价值的认识和接受。

当然，随着网络新媒体的迅速发展，思想政治教育者开始利用新技术手段进行思想政治教育个体价值的教育，但是部分思想政治教育者仅停留在简单利用的水平上，还未能充分挖掘、利用网络和电子信息技术的功能对思想政治教育个体价值进行生动、新颖的阐释，未能利用新兴手段对思想政治教育个体价值的教育方法进行深度开发。

（五）思想政治教育的教育环境

1. 家庭环境的影响

父母是孩子人生的第一位老师，家庭是孩子人生的第一所学校，受教育者最初的思想和行为都来自家庭的影响，家庭环境对受教育者思想和行为的形成与发展发挥着至关重要的作用。家长的生活方式、价值观念、思维方式会潜移默化地影响到子女。相当一部分家长只关注子女的学习成绩，缺乏对子女思想品德、心理素质等综合素质的教育，认识不到教育的根本目的，形成了片面的教育观念，致使子女的思想和个性缺乏正确引导，影响其对思想政治教育个体价值的认知。

2. 学校环境的影响

学校是专门培养人才的地方，学校环境特别是高校环境是对受教育者进行思想政治教育时间最长的外部环境，其影响是润物细无声的。长期以来，部分高校过多关注受教育者的学习，重视受教育者学习能力的提升，将育人功能局限在学业方面，忽视了人文精神对受教育者发展的重要作用。同时，高校缺乏对受教育者差异性的关注，对具有性格差异、地域差异、文化差异的受教育者采用同样的教育方法和方式，最终造成思想政治教育个体价值教育缺乏针对性，进而影响教育效果。

3. 社会环境消极因素的影响

人总是生活在社会环境中，不可避免地会受到社会环境的影响。随着社会主义市场经济的快速发展和对外开放的深入，人的自我意识增强，个性得到张扬，能够促进受教育者自我价值的实现。但同时，西方价值观如个人主义、利己主义、拜金主义、诚信缺失、重利轻义等消极思想也在悄无声息地影响着受教育者的思想和行为。同时，受教育者的思想意识尚未成熟，具有很强的可塑性，容易受到社会环境的影响，特别是那些消极因素对受教者的危害非常严重。这些消极思想不仅会使受教育者对我们党的执政理念和我国的意识形态产生动摇，还会使受教育者对社会主义核心价值观产生怀疑，也会使受教育者对国家和个人的前途充满忧虑。另外，受重利轻义错误思想的影响，一些受教育者可能会为追求个人利益最大化，不择手段，忽视对自身思想政治道德品质的培育。总之，社会环境的消极因素影响着思想政治教育个体价值的实现。我们要营造良好的社会环境、社会风气，以推动受教育者良好思想道德品质的形成。

第五章

思想政治教育个体价值实现的途径

思想政治教育能够满足教育者和受教育者成长和发展的需要，具有个体价值。但是，对于客体——思想政治教育来说，其个体价值只有在实现中才能成为真正的价值；对于主体——教育者和受教育者来说，思想政治教育的个体价值只有在实现中才能真正满足自己的需要。可以说，思想政治教育个体价值的实现是我们进行思想政治教育个体价值研究的着眼点和落脚点。

思想政治教育个体价值的实现，不同于一般物的价值的实现，不是表现为对物的占有、享用和消费，而是表现为对个体成长和发展需要的满足，使个体的思想观念、政治观点、价值取向、人格品质、行为习惯得到完善。一方面，思想政治教育个体价值的实现，就是教育者通过思想政治教育工作满足了其物质需要、自我发展和自我实现的需要；另一方面，思想政治教育个体价值的实现，就是思想政治教育真正促进了受教育者的政治社会化，真正促进了受教育者的全面发展；真正促使受教育者构建了自己的精神家园，真正促使受教育者建立了和谐的人际关系。可见，思想政治教育个体价值的实现并不是轻而易举的，而是一个复杂的过程。因此，我们需要采取科学而有效的途径，切实实现思想政治教育的个体价值。

一、树立以人为本的思想政治教育理念

2016年，习近平在全国高校思想政治工作会议上指出，思想政治工作从根本上说是做人的工作，必须围绕学生、关照学生、服务学生，不断提高学生思想水平、政治觉悟、道德品质、文化素养，让学生成为德才兼备、全面发展的人才。可见，思想政治教育是解决人的思想、观点和立场问题的一项教育工作，其根本目的在于促进人的全面发展。思想政治教育者是人，受教育者是人，思想政治教育的出发点和归宿也是人。每个人都是有思想、有情感、有血有肉的活生生的现实的人。因此，要充分发挥思想政治教育对个体生存和发展的作用，有效实现思想政治教育的个体价值，就必须树立以人为本的思想政治教育理念，将尊重人、理解人、关心人、激励人贯穿于思想政治教育的全过程。

（一）尊重人

尊重人，是对人格的尊重，是对人的尊严的尊重，是把人当作人来看待，以平等的态度对待人，以礼待人；尊重人，是对人权的尊重，是对人的经济、政治、文化、社会等各项权利的尊重；尊重人，是对人的自由的尊重，是对人的个性的尊重。尊重人，必须理解人，信任人；尊重人，必须讲诚信，以诚待人。总之，尊重人就是对人的价值的肯定。以人为本的实质是人的一切活动都要以满足其需要为出发点和归宿。人，不论年龄大小、地位高低，都有尊重的需要。尊重的需要是人最基本的需要之一，只有人的尊重需要得到满足，人的发展和享受才能实

现。首先，在思想政治教育中，尊重人，就要尊重教育者的劳动，就要尊重教育者的物质需要和精神需要。为此，我们就要做到不唯学历、不唯职称、不唯资历、不唯身份，根据教育者的贡献来确定劳动报酬。对于工作能力强、责任心强、业绩突出的教育者要给予一定的物质奖励和精神奖励。对于责任心不强，能力欠缺的教育者要进行警告，对于玩忽职守者应采取必要的惩罚措施并及时进行教育。同时，要给教育者提供必要的深造机会，比如鼓励教育者攻读硕士、博士学位，定期进行业务培训等，以满足教育者提升能力、自我发展的需要。其次，教育者在任何时候，都要摆正自己的位置，严格要求自己，严格约束自己的行为；在对受教育者进行教育时，要谦虚谨慎、戒骄戒躁，虚心听取受教育者的意见和建议，尊重其平等权利和人格，以民主协商、讨论交流等方式解决问题；平等地对待受教育者，尊重其能动性、自觉性和自主性，尊重其想法，尊重其首创精神，并要以情感人、以理服人，绝不能以势压人。此外，教育者要尊重受教育者的知情权和参与权，凡是涉及受教育者切身利益的事，都要让受教育者充分了解，认真听取其意见，采纳其合理建议。

（二）理解人

以人为本，理解人是基础。理解人，就是了解每个人的具体情况，承认人的性格特征、兴趣爱好的不同，也即知人心，解人意，不能以自己的好恶去衡量别人，不能苛求别人。理解人最重要的秘诀就是学会换位思考，站在对方的立场上来想问题，从客观的、正面的、积极的角度去理解人的行为，设身处地从对方的处境出发，急其所急，想其所想，帮其所需。理解人，就不能以自我为中心，不能只从教育者的要求或标准出发，否则就会脱离受教育者的实际情况和现实需求。理解人又要求思想政治教育者学会对人宽容。只有宽以待人，才能够有所包容，才能营造比较宽松的环境和民主的气氛，才能催发生机和活力。理解人还要求充分的思想交流和沟通，教育者和教育者、教育者和受教育者之间要善于进行互动交流，逐渐达成共识，使人能够经常保持积极乐观的心态，从而理顺情绪，化解矛盾，减少误会。理解人，要在评价教育者和受教育者时，多看到长处、优点，多表扬鼓励，少批评指责。

随着经济全球化的扩展、信息技术的迅速发展以及社会主义市场经济的深入发展，人的生活习惯、工作方式、思想观念和思维方式发生了深刻而巨大的变化，个人不可避免地会与他人及社会发生矛盾，思想政治教育的任务之一就是要化解这些矛盾。个人的心理是非常复杂的，个人想的和说的、说的和做的不一定一致，可能会出现言不由衷、知行矛盾的现象。思想政治教育者要善于把握受教育者的言行，深入细致地分析其真实的思想状况，了解其产生某种思想以及采取某种行为的原因，对其给予充分理解，并在此基础上，通过循循善诱的教导将其思想和行为引导到正确的轨道上来。

（三）关心人

关心人，就是对人有爱心，对人充满热情，时刻把别人的安危冷暖铭记在心，亲人之所爱，急人之所难，帮人之所需；关心人，就是要诚心诚意为他人办实事，尽心尽力为他人排忧解难，坚持不懈为他人做好事。在我国社会转型期，由于所有制形式、分配方式、就业形式等的多样化，人的利益关系也日趋复杂。思想政治教育要不失时机地引导人正确地处理好各种利益关系，鼓励人向乐于奉献的境界迈进。具体来说，思想政治教育者要努力地实践、真诚地关心人，就要做到以下四点。第一，要经常与其他教育者进行交流，了解其生活状况和工作状况，帮助其解决生活上的困难和工作上的难题。第二，要及时了解受教育者的需求，对受教育者在政治上多引导教育，在生活上多体贴关怀，在学习上多指导帮助，在工作上多鼓励支持。第三，要深入了解受教育者的思想实际和生活实际，急受教育者之所急，想受教育者之所想，切实关心其疾苦，及时为其分忧解难，多办得人心、暖人心、稳人心的好事实事。第四，要和受教育者打成一片，切实与其拉近心理距离，设身处地地关心其前途和命运。

（四）激励人

激励人，就是通过奖惩手段来激发人的积极性，使人朝着期望的方向努力。在思想政治教育过程中，要使激励成为充分有效的激励，必须贯彻以下几个原则。一是针对性。即所使用的激励类别、激励方法和激励措施，要针对人的客观实际和心理需要。二是导向性。即善于倡导正当的需要，限制不正当的需要，创造诱发积极需要的客观条件，为教育者和受教育者设置恰当的目标，将整体目标分解为阶段性目标，一步一步激励，从而实现全部目标。三是公正性和严肃性。首先，要保证激励的机会均等，切忌在评比、奖励、晋升、评定职称等激励活动中划定圈子或出现其他不正之风，从而保证激励机制和激励标准的客观公允、充分平等。同时，在激励实施过程中鼓励人广泛参与和监督。其次，要提倡对激励持既积极又慎重严肃的态度，教育人正确看待激励问题。四是物质与精神相统一。激励分为物质激励和精神激励，物质激励的形式视具体物质需求的对象物而定，精神激励有信仰激励、目标激励、荣誉激励和情感激励等。物质激励和精神激励，都是调动人的积极性的有效手段，在具体操作时，不能过多地强调一种方式而忽视另一种方式，而要根据实际情况配套使用，使两者相互补充。

二、尊重受教育者的个体主体性

个体的主体性能够推动思想政治教育个体价值的实现。我们应尊重受教育者的个体主体性，引导其充分发挥主观能动性，以促进思想政治教育个体价值的有效实现。

（一）培养受教育者的个体独立性

1. 尊重受教育者的个体独立性

思想政治教育者应该关注受教育者的实际需求，尊重其自主意识，不把自己的个人意志强加给受教育者，按照受教育者的身心发展规律进行具体的思想政治教育活动。

2. 激发受教育者的个体独立性

第一，思想政治教育者应充分认识到个体的主体意识和独立意识的重要性。第二，思想政治教育者要善于激发受教育者的求知欲、好奇心，引导受教育者提高独立思考、自主学习的能力，培养其创新思维、探索精神以及崇尚真知、追求真理的精神。第三，思想政治教育者要开发受教育者的潜能并充分发挥其创新能力。第四，思想政治教育者应促进受教育者思想和行为独立性的不断提升。在具体的思想政治教育活动中，受教育者具有学习的热情和自主需求，思想政治教育者应尊重受教育者的主体性需求，并引导受教育者学会对学习、对生活、对自己、对他人负责，勇于承担责任。

3. 引导受教育者发挥主体性

在思想政治教育过程中，思想政治教育者应采用鼓励、激励等方式调动受教育者的主体性，使其主动认识自我、发现自我、提升自我，引导其学会客观认识自己的问题及学会独立思考、独立选择，逐步改变依赖家长、老师的习惯。同时，思想政治教育者应积极鼓励受教育者学会探索和创新，充分发挥自己的主观能动性。

（二）关注受教育者的个体差异性

1. 思想政治教育者应重视受教育者的个体差异，尊重其个性发展

人具有共同的属性，也具有自己的特点。全面发展的人，不能只有一种模式，而是使自己个性得到很好发展的、完整的、独立的人。

2. 思想政治教育者应根据受教育者的差异以及在不同发展阶段的不同特点选择思想政治教育个体价值的具体教育内容和方法

受教育者的生活背景、性格、思想状况、心理素质等存在不同，思想政治教育者需要针对这些差异采用不同的教育方法。只有了解、分析受教育者的个体差异，因材施教，才能使每个受教育者的个体价值得以发展和实现。同时，由于个体差异性的普遍存在，思想政治教育者不能采用一个标准来评价所有受教育者的综合素质，而应该考虑到个体的差异性。此外，思想政治教育者不能仅仅要求受教育者听话，要在尊重受教育者个性差异的基础上促进其个性发展。

3. 思想政治教育者应根据受教育者不同发展阶段的特点因材施教

不同的受教育者在不同的发展阶段具有不同的特征。思想政治教育者应通过不同的方法了解他们的内心世界，实行个别对待的原则，根据其不同发展阶段的特征因人而异、因时制宜地进行教学与实践活动，以

调动每一个受教育者的积极性、主动性、创造性，提高思想政治教育个体价值的亲和力，从而增强教育实效性。

（三）满足受教育者的内在合理需要

1. 尊重受教育者的合理需要

马克思主义认为，人所处的环境不同，所属的群体不同，其需要也是不同的。人的需要具有差异性和多样性。思想政治教育者应尊重受教育者的多样化需要以促进思想政治教育个体价值的实现。在具体的教育过程中，我们要了解受教育者的需要层次和结构，并科学分析和预测其需要的发展趋势。另外，要对受教育者需要的正当性进行准确判断，既要尊重其合理需要，又要严格控制其不合理需要。

2. 贴近受教育者的生活实际

在以往的教育活动中，由于过于强调社会发展的需要而忽视了个体的现实生活需要，这必然会削弱思想政治教育的预期效果。因此，尊重个体的内在心理需要就要求思想政治教育活动切实地贴近个体的现实生活，重视个体关心的热点问题，尊重个体正当的利益表达，并及时地进行沟通和引导，将个体的现实需要与社会的发展需要有机结合起来，引导个体的需要不断向高层次发展,① 以提高思想政治教育个体价值教育的针对性和亲和力。

3. 建立受教育者需要的调节机制

受教育者既有正当的合理需要，也有不合理的需要，因此需要建立需要的调节机制。特别是现在的大学生，性格开朗，自我意识强烈，需

① 石书臣．论思想政治教育个体价值的新发展［J］．教学与研究，2007（6）．

要更是多种多样。思想政治教育者要善于发现受教育者的不合理需要，通过说服、批评教育等方式及时给予引导。

（四）发挥受教育者的主体潜能

1. 帮助受教育者树立正确的主体意识

人的主体意识是进行创造性活动的前提。如果一个人没有主体意识，就不可能进行自觉的创造性活动。一个人的主体意识愈强，就愈能激发他的责任感和自觉性，从而为思想政治教育预期目标的实现提供良好的思想基础。一个自我意识较强的人，往往善于进行自我反思，能够深刻理解和把握社会和自然的关系，并明确自己的人生理想。但是，如果主体意识超过合理限度，就会过于强调自我，排斥他人，甚至会走向极端的个人主义。因此，教育者不断培养受教育者个体的主体思维，使个体意识到自己的主体地位，同时，要帮助受教育个体正确认知人际关系，引导他们正确地认识自身的主体性，将个人发展需要与集体发展的诉求有机结合起来，① 以实现自身和社会的协调发展。

2. 引导受教育者具有与主体意识相适应的主体能力

主体能力即个体认识世界和改造世界应具备的各种能力的综合，主要包括认知能力和实践能力。个体的认知能力是指人脑加工、储存和提取信息的能力，即人对事物的性能与他物的关系、发展的动力、发展方向以及基本规律的把握能力。认知能力不仅是个体主体能力的重要构成部分，而且是促进个体全面发展的重要内容以及人成功完成活动的重要心理条件。思想政治教育者应充分调动受教育者的主观能动性，引导他

① 王雄杰，胡颖．论个体价值观的培育途径和原则［J］．学校党建与思想教育，2011（1）．

们学会透过现象认识事物的本质，由感性认识上升到理性认识，以提高认知水平。同时，思想政治教育者要把价值观教育融入受教育者的学习、生活中，经过反复的实践互动，帮助受教育者形成正确的价值观念。这样不仅尊重了受教育者的实践需求，也可以保证个体价值观和社会价值观的一致，有利于引导受教育者积极地融入社会，自觉地参与社会实践，在实践中不断锻炼成长。

（五）尊重受教育者的主体人格

发挥受教育者的个体主体性，还需要引导个体培养健全的主体人格。主体人格是个体具有的思想品德、心理水平和行为方式的综合。塑造主体人格有助于个体主体性的发挥以及个体全面发展的实现。所以，塑造个体的健全人格成为当前思想政治教育工作面临的一项重要任务。

1. 培养受教育者的人文素养

人文素养是个体精神能量的直接反映，人文素养的培养有助于塑造个体的健全人格。一个人纵然具有很高的学历和地位，但如果失去了人文精神，就不会是一个健全的人。特别是目前我国正处于社会转型的关键时期，竞争更为激烈，学习、工作等压力不断加大，思想政治教育应更加重视人文素养教育，更加尊重人、理解人、关心人、贴近人，给予受教育者更有效的心理抚慰和精神鼓舞，促使其积极、理性地参与激烈的社会竞争。

2. 引导受教育者形成良好的个性

个性即一个人在一定的社会条件和教育影响下形成的，不同于他人的稳定的特征。由于人的自然禀赋、家庭环境、知识构成、思维方式、性格等不同，其个性会存在差异。思想政治教育通过陶冶受教育者的道德情操，提高其精神品质，消除其不健康的人格心理，塑造其良好的个性，引导个体形成由高尚的道德、出众的才能、旷达的情怀、平和的心态和坚强的意志等组成的健全人格，乐观积极地面对社会现实和参与社会竞争。

三、发挥受教育者的主观能动性

唯物辩证法告诉我们，内因在事物发展中起决定作用。提高受教育者的自身素质，充分发挥其潜能，有助于思想政治教育个体价值从整体上发挥更大的功效。

（一）端正受教育者的个体认知

端正、加强受教育者的个体认知有助于其从更深层次上认识到思想政治教育个体价值的重要性和必要性。受教育者思想活跃、眼界开阔，具有较强的自主探索精神、开拓进取精神以及良好的适应能力，在思想政治教育中位于主体地位。因此，加强受教育者的个体认知有助于思想政治教育个体价值的实现。特别是思想意识具有能动作用，正确的思想意识有利于受教育者实现思想政治教育的个体价值。对于受教育者来说，需要多听、多看、多学习、多思考、多行动，弄清要树立什么样的世界观、人生观和价值观才是正确的、符合社会发展要求的。同时，受教育者要主动地接受思想政治教育者的引导，自觉认识到自身全面发展的重要性，不断完善知、情、信、意、行等方面，并将正确认知外化到日常学习与生活中。

（二）加强受教育者的自我教育

实现思想政治教育的个体价值，受教育者不仅需要思想政治教育者的教育和引导，还需要根据自身的价值判断，充分发挥自身的主观能动性选择正确的思想意识和行为方式。受教育者根据自我认知、判断，在实践中用实际行动检验相关理论，形成符合时代和社会要求的思想观念、政治观点、道德水平。通过这个过程，不断加强受教育者的自我认知、自我学习、自我管理、自我控制、自我调节等能力，以达到自我教育的效果。

（三）增强受教育者的环境分辨意识

面对纷繁复杂的社会环境，受教育者要增强环境分辨意识。具体来说，受教育者要能够对社会环境中的积极影响和消极影响进行分析鉴别。为此受教育者需要多关注经济、政治、文化、社会、生态等国家形势与政策，还要对各种不同环境的影响做出合理判断和选择，并进行自我调节与适应，做到充分利用社会环境中的积极因素，抵制和克服环境中的消极因素。

四、丰富和完善思想政治教育的内容

目前，随着社会主义市场经济的深入发展，社会竞争日益激烈，个体的生存压力和就业压力不断加大，一些人开始出现焦虑、恐慌、烦躁、缺乏安全感等心理问题。同时，现代科学技术的迅猛发展在促进社会快速发展的同时，也给个体发展提出了新的要求。这就要求我们在对个体进行世界观、人生观、政治观、道德观、法治观教育的同时，积极创新，与时俱进，不断丰富和完善思想政治教育内容，如加强心理健康教育、人文精神教育、科学精神教育等，使思想政治教育贴近实际、贴近生活，增强思想政治教育的时代感，努力提高思想政治教育的针对性、吸引力和感染力，使个体更好地接受思想政治教育内容，有效发挥思想政治教育在个体成长和发展中的作用，更好地实现思想政治教育的个体价值。

（一）突出心理健康教育

随着现代社会的发展，各种竞争日趋激烈，个人所承受的压力越来越大，有的人在理想与现实之间、在渴望成功与失败的矛盾冲突中迷失了方向，个别人开始出现悲观、恐惧、孤独、厌世等心理问题。这样，对个体进行心理健康教育就显得十分必要。这就要求教育者在思想政治教育中突出心理健康教育，帮助个体排解认识、情感、意志等方面的问题，塑造个体健康的心理，增强个体的社会适应能力，使个体学会在激烈的竞争中调适自己的心情，使个体能够乐观地面对人生的挑战。

心理健康教育是指运用心理学及其相关学科的理论和技术，从人的生理和心理因素出发，针对个体的个性进行分析和疏导，帮助受教育者逐步达到心理状态的平衡和逐步提高受教育者心理素质的过程。在思想政治教育中，教育者要了解和掌握受教育者的身心发展特点，遵循教育规律，培养个体乐观向上的生活信念、良好的意志品质、积极的人生态度、宽厚豁达的处世方式。一方面，教育者可以通过网上心理咨询、专题讲座、谈话等方式广泛开展心理健康宣传活动。教育者要用历史的、发展的观点，科学分析受教育者的思想特点和心理特点，调动其思想和心理上的积极因素，使受教育者掌握科学有效的方法，养成良好的习惯，锻炼坚强的意志，提高受教育者克服困难、承受挫折的能力。另一方面，教育者要加强对受教育者进行心理咨询和个别辅导，把解决心理问题与解决实际问题结合起来。通过心理咨询和个别辅导，引导有心理障碍的人向心理平衡的方向转化，帮助受教育者缓解内在冲突和压力，帮助受教育者有针对性地解决实际问题、化解冲突。

（二）重视人文精神教育

人文精神教育是通过人文知识的传授来使个体充满人文关怀的教育活动，其实质是一种人性化教育。简单地说，人文精神教育的目的在于启迪人的生存智慧，深化个体对人生价值的反省并促使人关注终极价值。

对个体进行人文精神教育，首先，应加强环境道德教育，促进人与自然的和谐发展。这主要包括：教育个体正确认识和处理人与自然的关系，使个体摒弃“人类中心主义”的观点；鼓励和引导个体尊重自然，欣赏自然，热爱自然；引导个体珍惜自然资源，合理利用自然资源，完善资源利用方式和开发方式；引导个体美化自然，善待自然。其次，应加强经济道德教育。培养个体的效率观念和勤俭意识，教育个体树立全面、协调、可持续的科学发展观，引导个体正确处理物质生活与精神生活的关系。最后，应加强对个体进行民主意识、竞争意识、平等意识、合作精神与创新精神的教育，引导个体正确处理人与自然、人与人以及人与社会的关系，以促进人与自然、人与人及人与社会的和谐发展。

（三）加强科学精神教育

在现代社会，科技进步日新月异，科学技术已经渗透到社会生活的各个方面，并对个体的就业方式、生活方式、思维方式、人生观、价值观产生巨大影响。与此相适应，科学精神的弘扬成为个体发展的必然要求。

科学精神是科学本身所要求的各种思想观念、价值观念、行为准则以及道德与意志品质的总和，它所表达的是一种敢于坚持真理的勇气和不断探索真理的精神，具体表现为理性精神、探索精神、怀疑精神、实证精神、求实精神、创新精神和独立精神。其中，求真务实是科学精神的基础，开拓创新是科学精神的精髓。思想政治教育就要大力宣传科学思想，传播科学方法，培养个体不畏艰险、独立思考、勇于献身、不断探索、开拓创新、追求真理、踏实苦干、严于律己的科学精神。同时，思想政治教育要加强科技道德教育，培养个体的求真、民主、诚信、规则意识和奉献精神，并将这种科技道德素质融入个体的日常生活、工作和学习中去，内化到个体心灵深处。

五、采取灵活多样的思想政治教育方法

不同的教育方法会收到不同的教育效果，当教育方法适应思想政治教育实践需要时，就会具有较强的说服力和感染力，从而产生良好的教育效果。为此，思想政治教育方法必须紧紧围绕受教育者个体的需要，围绕个体价值的实现，结合思想政治教育内容和任务，结合优良传统和时代特点，结合受教育者个体的思想特点和个性心理，积极探索，大胆创新，改变过多强调理论教育的思想政治教育方法，采取灵活多样的教育方法，以增强思想政治教育的吸引力，实现思想政治教育个体价值的最大化。

（一）实践教育法

实践教育法又称为实践锻炼法，是指“教育者有目的有计划地组织引导受教育者参加各种形式的社会实践活动，调动和利用各种社会力量，在实践中训练、培养受教育者的优良品德和行为习惯的方法”①。

① 张耀灿，陈万柏．思想政治教育学原理［M］．北京：高等教育出版社，2001：180.

实践是人的正确思想形成和发展的源泉，是人的思想发展的动力，是检验人的思想认识正确与否的标准。在思想政治教育中，教育者可以采用社会服务活动、劳动教育和社会考察等多种方式，让受教育者个体参与社会实践。通过实践，可以使个体把理论和实践结合起来，把知与行统一起来；可以使个体通过身体力行深刻领会思想政治教育理论产生的基础和现实条件，深切体会思想政治教育理论存在和发展的意义，从而使个体加深对思想政治教育理论的认识并内化思想政治教育内容，进而真正发挥思想政治教育理论对个体思想和行为的指导作用。

（二）情感教育法

情感教育法是教育者根据受教育者的情感发展变化规律，通过真挚的情感、善意的言行等情感因素的引导，使受教育者与教育者产生情感共鸣，从而引导受教育者形成正确思想和产生正确行为的教育方法。“道德教育者必须真正地注意，在作出决策时，这种情感角度或方面的问题。认知的发展是不能与情感的发展相分离的，尤其对年轻人而言，他们通常是根据情感，而不是根据判断来表达他们的道德观点的，而且他们需要意识到并能移情性地鉴赏他人的各种情感，以便预见他们的行为将会产生什么后果。”① 可见，情感因素在道德教育中发挥着重要作用。在思想政治教育中，教育者要重视情感感化的作用，善于同受教育者进行推心置腹的情感交流，设身处地地为受教育者着想，做到以情育情、以心交心、以诚动人，同受教育者产生情感体验上的共鸣，从而拨动受教育者的心弦，使之潜移默化地接受思想政治教育内容，并将这些教育内容铭记

① 霍尔，戴维斯．道德教育的理论与实践［M］．陆有铨，魏贤超，译．杭州：浙江教育出版社，2003：132.

于心。这样的思想政治教育就如同春之花、夏之荫、秋之果、冬之绿，使受教育者个体产生如饮甘露的感觉，使其灵与感都得到升华。

（三）自我教育法

自我教育法是个体根据思想政治教育目标、要求和自身发展的需求，通过自我认识、自我选择、自我评价、自我反省、自我调控等方式，有目的、有计划地调整自己的行为，提高和完善自己的道德素质和思想政治素质的教育方法。① 自我教育是建立在受教育者认同、接受思想政治教育的基础之上的。同时，自我教育的运用是与个体自我意识的发展密不可分的，是发挥受教育者主体性的重要方式。我国著名的教育家陶行知先生说过，教育的目的就是为了达到不教育。这里的“不教育”就是指自我教育。教育的最高境界是使受教育者实现自我教育。对于思想政治教育来说，就是在经过一定的教育后，受教育者能够有效地进行自我调节、自我提高和自我完善，能够主动地追求先进的思想、高尚的道德情操、崇高的价值目标和科学的行为方式。也就是说，思想政治教育的主要目的就是通过教育使受教育者将一定的思想观念、政治观点和道德规范内化为个体意识，促使受教育者经常进行自省、自警、自励，养成自我监督、自我调节、自我约束、自我控制的习惯，从而实现受教育者的自律。在思想政治教育中，教育者应该运用科学的教育方式培养受教育者的自我教育能力，调动受教育者进行自我教育的积极性和主动性。正确而恰当地运用自我教育的方法，能够有效地发挥受教育者在思想政治教育中的主体作用，更好地实现思想政治教育的个体价值。

---

① 祖嘉合．思想政治教育方法教程［M］．北京：北京大学出版社，2004：148.

六、优化思想政治教育的环境

马克思、恩格斯指出，人创造环境，同样环境也能创造人。人，不可能生活在真空中，而总是处在一定的社会环境之中。可以说，个体的思想观念、价值取向、行为方式无不受到周围环境的广泛影响。同时，个体的思想政治品德也是在一定的社会环境中形成和发展起来的。正如柯尔伯格所说，道德发展来自社会冲突情境中的社会性相互作用，个体思想道德品质形成过程是在受教育者自身与社会环境相互作用下思想道德经验不断结构化的过程。可见，个体思想政治品德的形成和发展不可避免地要受到社会环境的影响和制约。因此，要实现思想政治教育的个体价值，必须优化思想政治教育环境。

（一）优化家庭环境，营造和谐的家庭氛围

家庭环境是指个体的家庭境况，包括家庭的经济状况、社会地位、父母及其他家庭成员的思想道德、文化水平、教育程度、相互关系等。家庭是一个人来到世界上的第一个环境，而且家庭环境是建立在血缘关系、情感关系等特殊的关系基础之上的，能够对个体的世界观、人生观、价值观产生稳定而持久的影响。和谐的家庭环境能够使个体的身心得到健康发展，容易使个体形成健全的人格。因此，重视家庭环境对个体思想政治道德素质的影响，营造和谐的家庭氛围便显得十分重要。首先，父母要不断提高自己的思想觉悟和文化修养，形成正确的世界观、人生观和价值观，积极参与社会政治生活，关心国内外大事，率先示范，自觉发挥家庭的教育功能。其次，父母要树立全面发展的教育观，不仅关心孩子的学习成绩，而且关心孩子的思想状况；不仅教育孩子如

何学习，而且教育孩子如何完善人格。最后，家庭成员之间要经常进行沟通和交流，相互尊重、相互理解、相互信任，营造一种民主、平等的家庭氛围，培养个体高尚的道德品质和思想情操。

（二）优化学校环境，培育良好的校园文化

学校是培养人才的主要基地，也是对个体进行思想政治教育的主要场所。在学校里，学生无时无刻不在与校园环境这本“不说话的教科书”进行物质、能量、信息交换，并从中受到感染熏陶。也就是说，学校通过特定的精神环境和文化氛围——校园文化对学生的思想观念、价值取向、心理素质、行为方式等产生潜移默化的影响，从而实现精神心灵的塑造。因此，加强校园文化建设，促进思想政治教育个体价值的实现，是一个非常重要的问题。

校园文化是学校所具有的特定精神环境和文化气氛，它主要包括学校的物质文化、精神文化和制度文化三个方面。校园文化作为一种特殊的环境，以间接、内隐的方式对个体的思想政治品质产生潜移默化的影响。因此，学校应高度重视校园文化建设，包括建设优美的校园物质环境，健全先进合理的制度文化，营造浓厚的学习氛围等。具体来说，优化学校环境，加强校园文化建设，首先，要美化校园物质环境，改善教室、图书馆、食堂、操场、宿舍等硬件设施和环境布置，合理绿化校园，给个体传递现代化、科学化信息，使之受到积极的感染。其次，要树立学校全员思想政治教育意识，形成教书育人、管理育人、服务育人的良好氛围。最后，要通过多种形式广泛开展以学术、娱乐、科技、体育为基本内容的文化活动，形成良好的学风、校风，形成有凝聚力的校园精神和积极的舆论导向，使个体获得健康的精神食粮，促使其形成良好的心态和健全的人格。

（三）优化社会环境，营造良好的育人氛围

社会环境主要是指社会的经济、政治、文化环境。积极的、健康的社会环境能催人奋进，引导个体树立崇高的理想、坚定的信念和高尚的品德。而不良的社会环境，各种消极、腐朽的因素则会使个体悲观、消沉、堕落，甚至会走向违法犯罪。因此，思想政治教育要高度重视社会环境，充分利用和扩大社会环境中的积极因素的影响，抑制消极因素，营造一个良好的社会氛围，引导个体形成健康向上的思想政治品德。优化社会环境主要要求社会形成有利于个体健康成长的舆论力量、价值观念和文化条件等。因此，要培育社会积极向上的时代精神、催人奋进的民族精神、正确的舆论导向和良好的社会风气。尤其是要利用报刊、广播、电视、网络等媒体大力宣传社会主流文化，弘扬社会正气，引导个体形成高尚的情操和积极的政治心理。

总之，家庭、学校和社会各方面力量应共同努力、相互配合、相互促进，形成强大的教育合力，使个体受到良好环境的感染和熏陶，从而为思想政治教育个体价值的实现提供环境支撑。

下篇 02

新时代社会实践与思想政治教育的关系研究

第一章

社会实践的内涵及作用

一、社会实践的内涵

马克思主义认为，“社会生活在本质上是实践的”①，社会实践对人们的思维活动、理论活动，对周围环境和人自身的改变，对人类的存在和全部社会生活以及对推动人类社会历史的不断全面进步起着重要作用。因此，研究社会实践与思想政治教育的关系，首先需要弄清社会实践的概念、内容、依据和功能等基本内容。

（一）社会实践的含义与特点

1. 社会实践的含义

实践作为认识论的重要范畴，不同的哲学流派对它有不同的定义。

---

① 中共中央马克思恩格斯列宁斯大林著作编译局. 马克思恩格斯选集：第1卷［M］. 北京：人民出版社，1995：56.

有的主观唯心主义者认为实践是人“内心的意念活动”①，而有的则认为是“生物式的本能活动”②；客观唯心主义者认为实践是“独立于人脑之外的精神实体的活动”③；马克思主义产生之前的旧唯物主义者如费尔巴哈认为实践“通常是指饮食起居之类的日常生活，或者商人做买卖的牟利活动”④，马克思对此指出，费尔巴哈“仅仅把理论的活动看作是真正人的活动，而对于实践则只是从它的卑污的犹太人的表现形式去理解和确定。因而，他不了解‘革命的’‘实践批判的’活动的意义”⑤。由于唯心主义者和旧唯物主义者没有能够正确揭示社会实践的本质属性和内涵，因而他们对于实践概念的界定是不科学的。

马克思把科学的实践观引入认识论，创立了能动的、革命的反映论，从而实现了认识论上的革命性变革。马克思主义的辩证唯物主义认识论认为，社会实践是主体借助于一定的中介和手段，是“有目的地改造客观世界的物质活动”⑥，是人所特有的对象性活动，是人的存在方式，是主观与客观相统一的过程。马克思主义的实践概念，揭示了实践的本质属性，即改造客观世界的物质活动，因而是科学的实践观。同时，马克思主义认为实践有广义和狭义之分。广义的实践是指人类的全部历史活动或历史运动，它既包括变革自然、变革社会的实践活动和科

① 赵家祥，李清昆，李士坤．历史唯物主义原理（新编本）［M］．北京：北京大学出版社，1992：85.
② 赵光武．辩证唯物主义原理［M］．北京：北京大学出版社，1989：368.
③ 赵光武．辩证唯物主义原理［M］．北京：北京大学出版社，1989：369.
④ 赵光武．辩证唯物主义原理［M］．北京：北京大学出版社，1989：368.
⑤ 中共中央马克思恩格斯列宁斯大林著作编译局．马克思恩格斯选集：第1卷［M］．北京：人民出版社，1995：54.
⑥ 赵光武．辩证唯物主义原理［M］．北京：北京大学出版社，1989：369.

学实验等物质生产活动，同时也包括思维意识和认识的生产等精神生产活动；狭义的实践仅指人们改造客观世界的物质生产活动。这里所说的社会实践是指狭义的实践，即人类改造客观世界的物质生产活动。

2. 社会实践的特点

社会实践是人类有目的地改造客观世界的物质活动，是人所特有的对象性活动，它具有自身的特点，概括起来，主要有三个特点。

（1）自觉能动性。社会实践是具有思维和意识的人的活动，而人在行动之前总是有一定的目的，总是根据客观实际制订相应的行动计划，并借助于一定的手段和方法去改造客观世界，使之符合自己的需要，达到自己的目的。因此，社会实践的过程贯穿了实践主体的自觉的目的和意志，在这个过程中，客观世界按照实践主体的目的和要求得到改造。社会实践的这种特性，就是社会实践的自觉能动性。马克思主义认为，社会实践的这种自觉能动性是有限度的，它要受主观和客观相符合的程度以及客观物质条件的限制。

（2）直接现实性。马克思主义认为，社会实践不是纯粹精神的活动，而是“现实的、感性的活动”①。由于社会实践是实践主体在一定的思想指导下的“主观见之于客观的”活动，它能够通过引起客观世界的某种变化，达到社会实践主体的目的，并提供现实成果，因此，正如列宁所说：“实践高于理论的认识，因为它不仅具有普遍性的品格，而且还有直接现实性的品格。”② 社会实践的客观现实性表现在社会实

① 中共中央马克思恩格斯列宁斯大林著作编译局．马克思恩格斯选集：第1卷［M］．北京：人民出版社，1995：54.

② 中共中央马克思恩格斯列宁斯大林著作编译局．列宁全集：第55卷［M］．北京：人民出版社，1990：183.

践的主体，人是客观的、社会实践的对象，自然界和人类社会是客观的、社会实践的手段，工具和设备等是客观的和可感知的。社会实践的深度和广度是受客观规律的制约和客观条件限制的社会实践的结果，即客观世界的某种变化和实践主体思想上的某种变化是客观存在的。

(3) 社会历史性。马克思主义认为，“实践不是孤立的个人的活动，而是处于一定社会关系中的现实的人的社会性活动”①，离开社会，任何实践活动都无法进行。同时，人类的社会实践活动是历史的向前发展的，每一历史阶段的社会实践具有自身的特点，不同历史阶段的实践内容、规模和水平各不相同，古代社会的人们不可能像现代社会的人们这样操纵自动化机器进行生产，不可能像现在社会的人们这样坐在电脑前浏览国际信息。这就是社会实践的社会历史性，表现为：一方面，一定时代的社会实践活动都要受到当时社会历史条件的限制；另一方面，人类的需要是不断增长的，人类不满足于社会历史条件的限制，总是力图通过实践超越这种限制，这种矛盾运动推动着社会实践不断向前发展，表现在社会实践的手段不断进步、实践的领域不断扩大以及科学对实践的指导作用不断增强等方面。

（二）社会实践的基本形式及其内容

社会实践的形式多样、内容丰富。依据不同的标准，社会实践可以划分为不同的形式，如以社会实践的对象和活动结果作为依据，可以划分为生产实践、社会交往实践和科学探索实践等形式。以社会实践的主体为依据，可以划分为人类的类社会实践、群体社会实践和个体社会实

① 赵家祥，李清昆，李士坤．历史唯物主义原理（新编本）［M］．北京：北京大学出版社，1992：88.

践等形式。但就其基本形式而言，社会实践主要有变革自然的生产实践，变革社会、处理人与人之间关系的社会交往实践以及与生产实践和社会交往实践紧密联系的科学探索实践三种。这三种实践活动，深刻地体现了社会实践的本质特征，在人类认识世界和改造世界的活动中具有决定性的作用。

1. 生产实践

生产实践是指人们借助于生产工具，有目的、有计划地改造自然以谋取物质生活资料的活动，它处理的是人和自然的关系。马克思主义认为生产实践是人类“最基本的实践活动，是决定其他一切活动的东西”①。这是因为：首先，人类社会是在生产劳动生产实践的基础上形成的，生产实践通过不断创造出人类所需要的生产资料和生活资料，为人类提供生存和发展的物质条件，从这种意义上说，生产实践决定着人类社会的产生、存在和发展；其次，生产实践还使人们在实践活动中结成一定的生产关系、政治关系和思想关系等，生产实践的发展决定着生产关系和社会关系及其变化和发展，因此，生产实践决定着各种社会关系的形成和发展；最后，生产实践即生产力和生产关系的矛盾运动构成了社会发展的根本动力，推动着人类社会从低级向高级不断发展。

2. 社会交往实践

马克思主义认为：“人的本质并不是单个人所固有的抽象物。在其现实性上，它是一切社会关系的总和。”② 因此，人的本质并不是单个

① 毛泽东．毛泽东选集：第1卷［M］．北京：人民出版社，1991：282.
② 中共中央马克思恩格斯列宁斯大林著作编译局．马克思恩格斯选集：第1卷［M］．北京：人民出版社，1995：56

人的自然属性，而是人的社会属性，离开社会，脱离一定的社会关系，人将不是真正意义上的人。人在生产实践活动中形成了一定的社会关系，这种社会关系一经形成，反过来又会对生产实践的主体——人产生一定的影响和制约。因此，在变革自然的同时，人们还需要处理个人与他人、个人与集体、个人与社会之间的关系，需要处理不同阶层、不同阶级之间的关系，包括对经济关系、政治关系的调整与变革等。这种处理人与人之间社会关系的社会交往实践通过维护和巩固那些适合生产发展的社会关系、调整或根本改变那些不适合生产发展的社会关系，促进着社会生产以及社会和人的全面发展。因此，这种处理社会关系的实践推动着社会历史的变迁和进步。

3. 科学探索实践

科学探索实践是在生产发展的基础上，从生产实践和处理社会关系的实践中逐步分化和发展起来的新的实践形式。科学探索实践是科学工作者在科学理论的指导下，按照一定的目的，运用特殊的设施和手段，探索事物规律性的活动。它既包括改造自然的科学探索实践，也包括改造社会关系的科学探索实践。与社会生产力发展水平相适应，早期的科学探索活动主要是一些学者的业余活动。随着生产力的不断发展，人类对科学提出了越来越高的要求，并且生产力的发展也为人类的科学探索活动提供了不断发展的物质条件和设备。19 世纪中期以后，科学探索活动日益集中到高等学校和专门的研究机构，科学探索活动也成了专职研究人员的活动。现代实践活动中，科学探索活动与生产实践和处理社会关系的实践紧密相连，对人类社会的发展起着极其重要的作用。一方面，在科学理论的指导下，科学探索活动能进一步揭示自然和社会的发展规律，人们以这些规律性的认识为指导能进一步增强改造自然和社会的自觉性，从而更好地促进社会的发展；另一方面，人们把科学探索活动的成果直接运用于物质生产领域，从而促进物质生产的快速发展。

二、社会实践的依据

(一) 社会实践的理论依据

1. 马克思主义认识论

马克思主义认为，认识是作为实践主体的人在实践基础上对客体的能动反映，实践则是人们能动地改造客观世界的对象性活动，是主、客体统一的基础，二者密不可分，正如恩格斯指出的："人的思维的最本质和最切近的基础，正是人所引起的自然界的变化，而不仅仅是自然界本身人在怎样的程度上学会改变自然界，人的智力就在怎样的程度上发展起来。"① 但在二者的关系中，它们的地位是不一样的，认识是实践的产物，实践对认识起决定性的作用，这种决定性作用表现在：实践是认识的来源，是认识发展的动力，是检验认识正确与否的唯一标准，是认识的最终目的。因此，人的认识的发生、发展、检验和归宿，都离不开社会实践，全部认识活动都是在实践的基础上进行的。这为我们正确认识社会实践和思想政治教育的关系提供了重要的哲学基础。

2. 马克思主义真理标准理论

马克思主义认为，实践是检验真理的唯一标准。马克思在《关于费尔巴哈的提纲》中指出："人的思维是否具有客观的真理性，这不是

① 中共中央马克思恩格斯列宁斯大林著作编译局. 马克思恩格斯选集：第4卷［M］. 北京：人民出版社，1995：329.

一个理论的问题，而是一个实践的问题。人应该在实践中证明自己思维的真理性，即自己思维的现实性和力量，自己思维的此岸性。关于思维——离开实践的思维——的现实性或非现实性的争论，是一个纯粹经院哲学的问题。”毛泽东在《实践论》中也明确指出：“判断认识或理论之是否真理，不是依主观上觉得如何而定，而是依客观上社会实践的结果如何而定。真理的标准只能是社会实践。”① 实践作为检验真理的唯一标准，是由真理的本性和实践的特点决定的。由于“真理就是客观事物及其规律在人的意识里的正确反映，就是主观同客观相符合的认识”②，因此，主观认识和客观实际不能成为检验真理的标准，只有联结主观和客观的社会实践才能检验真理。这是因为，实践能够通过比较主体改造自然和社会的现实成果来比较主观认识和客观实际的符合程度，进而达到检验认识的目的。

3. 马克思主义关于人的全面发展理论

马克思主义认为，人的发展是人的体力和智力、精神和道德等方面自由而充分的发展，人的发展是全面的而非片面的。同时，马克思主义还认为，人的全面发展是由机器大生产的社会实践决定的，机器大生产不仅对人的全面发展提出了客观要求，同时也为人的全面发展提供了最基本的实践条件。因此，能够把人的脑力劳动和体力劳动完美而有效结合的社会实践能够促进人的全面发展。这为社会实践提供了重要的理论依据。

4. 马克思主义教育与生产劳动相结合理论

教育与生产劳动相结合，是我们党的教育方针之一，是毛泽东思想

---

① 毛泽东．毛泽东选集：第1卷［M］．北京：人民出版社，1991：284.

② 赵光武．辩证唯物主义原理［M］．北京：北京大学出版社，1989：448.

的重要组成部分，是马克思主义的基本原理之一。关于教育与生产劳动相结合，马克思指出："生产劳动和智育的早期结合是改造现代社会的最强有力的手段之一。"① "生产劳动同智育和体育相结合，它不仅是提高社会生产的一种方法，而且是造就全面发展人的唯一方法。"② 列宁认为："没有年轻的教育和生产劳动的结合，未来社会的理想是不能想象的。无论是脱离生产劳动的教学和教育，或是没有同时进行教学和教育的生产劳动，都不能达到现代技术水平和科学知识现状所要求的高度。"③ 毛泽东在新中国成立初期提出"知识分子劳动化，劳动人民知识化"的号召。由于教育与生产劳动相结合能够对社会改造和人的发展起到非常重要的作用，因此，我们应该坚持教育与生产劳动相结合的原则，在社会实践中把二者结合起来。

（二）社会实践的时代依据

1. 科学技术突飞猛进

科学技术是社会实践的产物，同时它的发展也推动着社会实践的进一步发展。从科学技术产生和发展的历史来看，无论是天文学的诞生、指南针的发明，还是今天我们所面对的第三次科技革命，都是在当时人们的社会实践的基础上产生的。这些科学技术的产生，反过来增强了人们社会实践的自觉性，并推动着人类社会实践不断向前发展，如天文学

---

① 中共中央马克思恩格斯列宁斯大林著作编译局．马克思恩格斯选集：第3卷［M］．北京：人民出版社，1995：318.

② 中共中央马克思恩格斯列宁斯大林著作编译局．马克思恩格斯全集：第23卷［M］．北京：人民出版社，1972：530.

③ 中共中央马克思恩格斯列宁斯大林著作编译局．列宁全集：第2卷［M］．北京：人民出版社，1990：461.

的诞生，增强了人们利用自然规律从事农业生产的自觉性，促进了当时农业生产实践的发展。第三次科技革命的推动，使原子能技术、航天技术、生物技术、信息技术等的发展突飞猛进，使科技成果转化为生产力的周期变短、速度加快，极大地推动了社会生产力的发展。科学技术的作用是巨大的，但科学技术只有与社会实践相结合，才能把潜在的生产力转化为现实的生产力，才能促进社会生产力的发展。因此，突飞猛进的科学技术需要有不断发展的社会实践与之相适应。

2. 经济发展日新月异

通常我们所说的经济包括动态和静态两种类型，动态的经济即我们通常所说的物质资料的生产、分配、交换、消费等经济活动，静态的经济是指社会生产关系的总体或社会经济制度和工业经济、农业经济等国民经济。如今，在第三次科技革命的推动下，科学技术发展突飞猛进，由此带来了无论是动态经济还是静态经济的发展日新月异，如物质资料的生产、分配、交换、消费等经济活动的速度加快、周期变短，新的经济形态——知识经济出现，经济全球化和区域经济一体化步伐加快，新技术在全球经济活动中运用而出现网络经济、信息经济等。经济发展日新月异，使当今的经济活动和经济发展瞬息万变，新情况、新问题层出不穷，这需要我们在社会实践中加以把握和解决。

3. 社会生活复杂多变

马克思主义认为，世界上的事物是运动、变化和发展的，社会生活也是如此，表现在：不同的时代，社会生活的主体和面临的对象不同；同一时代的不同时期，社会生活的主体和面临的对象也不相同；即使在同一时代的同一时期，社会生活的主体和面临的对象也不尽相同。如，原始社会的人们过着简单的群居生活，交往的范围十分狭小，生活的内容十分简单；到了奴隶社会，随着生产力的发展和交通工具的进步，人们的交往范围逐渐扩大，人们生活的范围不但涉及生产活动，还涉及政治、经济、文化等领域；封建社会，人们交往的范围和生活的领域进一步深化；到了早期资本主义社会，人们的交往范围开始突破局域的限制而开始走向全球；如今，随着社会生产力的高度发展，新技术在人们日常生活中逐渐被广泛运用，人们之间的交往更加方便和快捷，但也带来了社会生活的瞬息万变。社会生活的复杂多变，会使人们遇到复杂多变的情况和问题，这需要人们在社会实践的基础上通过实践来解决。

4. 各种矛盾层出不穷

矛盾是普遍存在的，不同的事物具有不同的矛盾，同一事物的不同发展阶段也具有不同的矛盾，正如毛泽东所说，“矛盾存在于一切事物的发展过程中”①，“每一事物的发展过程中存在着自始至终的矛盾运动”②，即事事有矛盾、时时有矛盾，这就是马克思主义的对立统一规律原理。马克思主义的对立统一规律原理告诉我们，任何事物都不存在无矛盾的状态，一个矛盾解决了，另一个或几个矛盾又会出现；旧的矛盾解决了，新的矛盾又会出现。这就要求我们要用矛盾的眼光来看待任何事物，既要正确地认识到不同事物的矛盾，同时又要正确地区分不同性质的矛盾，恰当地加以处理和解决。而矛盾的解决离不开人们的社会实践活动。如今，我们正处于科学技术突飞猛进、经济发展日新月异、社会生活复杂多变的年代，各种矛盾层出不穷，这些矛盾需要我们在社

① 毛泽东．毛泽东选集：第1卷［M］．北京：人民出版社，1991：305.
② 毛泽东．毛泽东选集：第1卷［M］．北京：人民出版社，1991：305.

会实践活动中加以认识和解决。

5. 思想意识面临挑战

认识是在实践的基础上和过程中形成的，通过实践，人们会形成新的认识，这种认识可能与已有的认识相符合，也可能与原来的认识不一致甚至背道而驰。这种不一致甚至背道而驰的认识的形成、出现和传播，会给人们已有的思想意识带来挑战。目前，随着我国社会主义市场经济体制的确立及改革开放的不断深入，我国的社会经济成分、组织形式、就业方式、利益关系和分配方式日益多样化，人们思想活动的独立性、选择性、多变性和差异性日益增强，这在促进人们自立、自强、创新、成才、创业的同时，也带来了一些人不同程度地存在政治信仰迷茫、理想信念模糊、价值取向扭曲、诚信意识淡薄、社会责任感缺乏、艰苦奋斗精神淡化等不容忽视的负面影响。同时，市场经济也诱发了一部分人拜金主义、享乐主义和极端个人主义等消极思想的盛行。西方发达资本主义国家不断加强对我国进行的意识形态渗透等，使人们的思想观念、价值取向等思想意识面临前所未有的挑战。

三、社会实践在人类社会发展中的作用

（一）社会实践是人类现实社会统一的物质基础

1. 社会实践改造现存社会

社会实践是主体实现其目的和本质力量的对象化的客观活动，“是主体和客体之间能动而现实的双向对象化过程”①，这种双向对象化是

① 王永昌．实践活动论［M］．北京：中国人民大学出版社，1992：98.

指社会实践活动中主体的客体化和客体的主体化。在这种活动中，“主体人通过自己的实践活动把自己的理想、目的、意志等人的本质力量外化为现实对象的过程，以及实践主体通过对象性活动把自身的本质力量物化为对象世界，从而使对象世界成为体现主体规定性的属人的存在的那种特性和状态”①，人“通过自己的实践创造活动让周围环境来适应自己，并能在自然界的基地上创造出一个适宜于人类自己生存、享受和发展的对象化的世界——人的世界”②，这个过程就是主体的客体化过程。在这个过程中，实践主体通过改造客体把自身的内在规定性和本质力量外化，使客体对象凝结和体现为主体的本质力量，从而使客体得到改造。因此，人们改造社会关系的社会实践活动，能够通过引起社会关系的改变而使现实社会得到改造。

2. 社会实践改造人自身

社会实践改造客观对象的同时，也改造着实践的人自身，即客体主体化或者主体被对象化。客体主体化的过程，是客体失去对象性的存在形式而转化为主体生命的结构因素或主体本质力量的因素，即客体转化为主体一部分的过程。在社会实践活动中，人必须充分发挥和运用自己的本质力量和聪明才智，才可能达到自己的目的。但人的本质力量和智慧的发挥并不仅仅是由人自己决定的，同时还取决于客观对象的状况和客观规律等客观条件。因此，人在实践活动中必然受到客观对象的规定和制约。为此，在社会实践活动中，一方面，人们必须正确地认识和理解自己；另一方面，又必须客观地理解和把握外界客体，不断地积累和

① 王永昌．实践活动论［M］．北京：中国人民大学出版社，1992：107.
② 王永昌．实践活动论［M］．北京：中国人民大学出版社，1992：108.

总结实践经验。所以，“人在丰富多彩的实践活动中，不但现实地运用自己的本质力量，而且也日益充实和丰富着自己的本质力量”①。实践活动使人“把自己的生活活动本身变成自己意志的和自己意识的对象”②，并且“通过改造主体使主体自身凝结和体现着客体及其实践活动的客观逻辑，从而丰富和发展主体自身”③。因此，社会实践改造人自身。

3. 现实社会统一于社会实践

马克思、恩格斯认为：“实践是人类所特有的社会存在方式和社会活动方式。社会生活在本质上是实践的，具有社会性的人与自然的关系本质上也是实践的。”④ 在人与人、人与自然的关系上，马克思指出：“人们在生产中不仅仅影响自然界，而且也互相影响。他们只有以一定的方式共同活动和互相交换其活动，才能进行生产。为了进行生产，人们相互之间便发生一定的联系和关系。只有在这些社会联系和社会关系的范围内，才会有他们对自然界的影响，才会有生产。”⑤ “人与人的社会关系一开始就存在于人对自然的改造之中，它无往不在地渗透于一切人类改造自然的活动中。”⑥ 由此可以看出，人与人的关系是人们在改

① 王永昌．实践活动论［M］．北京：中国人民大学出版社，1992：112.
② 中共中央马克思恩格斯列宁斯大林著作编译局．马克思恩格斯选集：第1卷［M］．北京：人民出版社，1995：46.
③ 王永昌．实践活动论［M］．北京：中国人民大学出版社，1992：113.
④ 赵家祥，李清昆，李士坤．历史唯物主义原理（新编本）［M］．北京：北京大学出版社，1992：94.
⑤ 中共中央马克思恩格斯列宁斯大林著作编译局．马克思恩格斯选集：第1卷［M］．北京：人民出版社，1995：344.
⑥ 赵家祥，李清昆，李士坤．历史唯物主义原理（新编本）［M］．北京：北京大学出版社，1992：96.

造自然的生产实践的基础上形成的，因此，生产实践是人与自然统一的基础，同时也是人与人统一的基础。此外，人与人之间的社会交往实践也会使人们之间形成一定的社会关系。因而，社会实践是现实社会即人与人、人与自然、人与社会统一的基础。

（二）社会实践是人类社会发展的动力

1. 社会实践提高人类认识社会的水平

人类的认识能力是在实践中形成和发展的，正如恩格斯所说："人的思维的最本质和最切近的基础，正是人所引起的自然界的变化，而不仅仅是自然界本身，人在怎样的程度上学会改变自然界，人的智力就在怎样的程度上发展起来。"① 同时，社会实践又不断提高着人类认识社会的水平，表现在以下三个方面。首先，社会实践不断推动着人类认识社会的能力和水平不断向前发展，正如恩格斯所说："社会一旦有技术上的需要，这种需要就会比十所大学更能把科学推向前进。"② 其次，实践通过为人们提供知识、经验等解决认识课题的经验材料和新的认识工具、技术手段，推动着人的认识在广度和深度上不断发展。如望远镜、声呐和雷达等新工具的出现，突破了人体生理器官的局限，扩大了人类的认识视野，加强了人类的认识能力，使认识不断达到新的广度和深度。最后，实践的发展不断推动着人们掌握越来越多的科学知识，从而提高着人们的认识能力和认识水平。因此，人类认识能力的提高是在实践的基础上产生和发展的。

---

① 中共中央马克思恩格斯列宁斯大林著作编译局．马克思恩格斯选集：第4卷［M］．北京：人民出版社，1995：329.

② 中共中央马克思恩格斯列宁斯大林著作编译局．马克思恩格斯选集：第4卷［M］．北京：人民出版社，1995：732.

2. 社会实践提高人类改造社会的能力

人的认识、科学知识、科学技术等都是在实践的基础上产生的，如数学、天文学、物理学、生物学、望远镜等都是基于人类实践的需要，为了解决和完成实践提出的问题和任务而产生的，这些在实践基础上产生的科学和技术反过来又促进了人类社会实践活动的进一步展开，并提高了人类改造社会的能力。人类在社会实践基础上产生的正确认识，能够指导人们的社会实践顺利进行，如自然科学的诞生，使人们认识和掌握了某一自然领域的规律，在自然科学知识的指导下，人们减少了改造自然的盲目性，增强了自觉性，从而有利于改造自然的实践活动的顺利开展，并提高人类改造自然的能力；又如，望远镜等新技术、新工具的发明和利用，突破了人类生理上的局限，扩大了人类认识的视野，提高了人类认识自然界的能力。实践的需要和实践活动产生的人类关于自然和社会的认识以及科学知识和科学技术的运用提高了人类认识社会的能力，人类认识能力的提高又为人类改造社会能力的提高提供了条件和可能，因此，社会实践能够提高人类改造社会的能力。

3. 社会实践改善人类改造社会的手段

人类改造自然和社会的手段是同社会生产力发展水平相适应的，早期的人类社会改造自然和社会的手段是极其简单和低下的，如原始社会早期人们利用石器等石制工具来进行狩猎和生产活动。随着社会实践的发展，当时的人们逐渐认识到熟食能提高人类抵御自然的能力，于是人们便发明了钻木取火技术，随后又利用骨针来缝制衣服。到了封建社会，为了提高农业生产能力和水平，人们利用铜器和铁器来进行耕作。铜器和铁器在农业上的使用和推广，大大提高了封建社会的生产力水平。到了近代和现代，物理技术、生物技术、信息技术、新材料技术、纳米技术等的出现，极大地提升了人类认识社会的能力，尤其是新式工具的使用，更是克服了人们生理方面的局限，从宏观和微观上扩大了人类的认识视野，使人类的认识能力进一步提高。信息技术的出现和推广，使人们能够突破地域的限制进行跨越地域和时空的即时交流和沟通。因此，社会实践能够改善人类改造社会的手段。

第二章

思想政治教育在实践中遇到的挑战

一、思想政治教育内涵分析

研究社会实践与思想政治教育的关系以及思想政治教育面临的实践挑战，不能不涉及思想政治教育的概念问题，因为只有在弄清概念的基础上，才能有效把握思想政治教育的本质和特征，进而探究其内在的规律，为研究社会实践与思想政治教育的关系等问题奠定基础，否则我们将得不出科学的结论。

（一）思想政治教育概念的提出和演变

思想政治教育概念的提出和演变有一个历史过程。早在马克思、恩格斯在为第一个国际性的无产阶级政党——共产主义者同盟起草同盟章程时就提出了“宣传工作”的概念。《共产主义者同盟章程》明确提出，盟员必须“具有革命毅力并努力进行宣传工作”①。这表明，无产

① 中共中央马克思恩格斯列宁斯大林著作编译局．马克思恩格斯全集：第4卷［M］．北京：人民出版社，1972：572.

阶级政党一开始就十分重视对群众进行宣传和教育。列宁在创建布尔什维克党的过程中先后使用了“鼓动工作”①、“政治宣传、政治鼓动”②、“政治教育”③、“宣传鼓动”④ 等概念，强调通过运用这些工作对工人阶级和群众进行宣传和教育，并运用“政治教育”来提高工人阶级的政治意识。斯大林在联共（布）十七大总结报告中提出了“思想工作”和“政治思想工作”两个概念。刘少奇在我国第一次全国宣传工作会议上提出了“思想政治工作”的概念，但这一提法只是诸多提法中的一种，在军队和全国思想政治工作战线存在着“政治工作”“思想工作”“思想政治工作”交错使用的局面。“政治思想工作”取代了其他提法，成为思想政治工作领域统一的提法。党的十一届三中全会后，为了适应以经济建设为中心的路线，思想政治工作发生了重大变化，在提法上以“思想政治工作”或“思想政治教育”取代了“政治思想工作”。“思想政治工作”成了新时期思想政治工作领域统一的规范提法。

（二）思想政治教育及相关概念分析

从思想政治教育概念的演变过程可以看出，政治工作、思想工作、政治思想工作、思想政治工作、思想政治教育等概念之间既存在着紧密联系，又存在着差异。下面，对这几个概念进行逐一分析。

---

① 中共中央马克思恩格斯列宁斯大林著作编译局．列宁选集：第1卷［M］．北京：人民出版社，1960：208.

② 中共中央马克思恩格斯列宁斯大林著作编译局．列宁选集：第1卷［M］．北京：人民出版社，1960：265.

③ 中共中央马克思恩格斯列宁斯大林著作编译局．列宁选集：第1卷［M］．北京：人民出版社，1960：272.

④ 中共中央马克思恩格斯列宁斯大林著作编译局．列宁选集：第1卷［M］．北京：人民出版社，1960：296.

政治工作一般是指一定的阶级或政治集团为实现本阶级、本集团的目标和根本任务而进行的政治性活动，这种活动带有明显的阶级性和政治性，如阶级斗争、政治斗争、政权建设、政治鼓动、思想政治教育等，都属于政治工作的范畴。

思想工作通常是指一定的阶级、群体或个人，运用一定的知识、手段和方法，统一人的思想认识的活动。这种活动带有一定的目的性和非强制性。根据其内容性质的不同，思想工作可以分为政治性的思想工作和非政治性的思想工作两个方面，由于思想政治工作带有极强的政治性，因而，它属于政治性的思想工作。

政治思想工作的概念最早是由斯大林提出来的，根据他在联共（布）十七大总结报告中提出的政治思想工作的任务可以看出，所谓政治思想工作是指一定的阶级、政党或政治派别宣传其政治思想、教育其成员或有志于成为其成员的特定的人的工作，也就是“以政治教育为主要内容的工作”①。

思想政治工作涵盖思想工作和政治工作，但不是二者的全部，而是思想工作中的政治性部分和政治工作中的思想性部分的有机统一的整体，如世界观、人生观、价值观的教育工作和为实现一定的政治任务而进行的政治宣传工作等就属于思想政治工作。

作为一种教育实践活动，“思想政治教育是指社会或社会群体用一定的思想观念、政治观点、道德规范，对其成员施加有目的、有计划、有组织的影响，使他们形成符合一定社会所要求的思想品德的社会实践

① 童彭庆，郁景祖，邱柏生．思想政治教育学词典［M］．兰州：兰州大学出版社，1990：43.

活动”①。如目前我国高校对大学生进行的马克思主义世界观、人生观、价值观的教育就属于思想政治教育。

从以上分析可以看出，政治工作、思想工作、政治思想工作、思想政治工作和思想政治教育并不是完全相同的概念。由于思想工作包括政治性的思想工作和非政治性的思想工作，因此，思想工作中的政治性思想工作属于政治工作，而非政治性的思想工作则不属于政治工作，如对一定的人进行的人生观、价值观和世界观的教育属于政治工作，而对一定人进行的有关自然现象和自然规律的教育则不是政治工作。同样，政治工作中的思想性部分属于思想工作，非思想性部分则不属于思想工作。政治思想工作和思想政治工作都包括政治性的思想工作和思想性的政治工作，但政治思想工作更强调政治工作的成分，其教育的对象是特定的人，而思想政治教育侧重于思想工作，但这种思想工作的政治性很强，它的对象与政治思想工作的对象相比要广泛得多，可以是一定的阶级、政党成员和政治派别，也可以是特定社会的全体人民。思想政治工作和思想政治教育一般情况下可以通用，但二者也是有区别的，思想政治工作包含思想政治教育，思想政治教育是思想政治工作主要的内容，“是受政治制约的思想教育，是侧重于思想理论方面的政治教育”②，因此，思想政治工作的含义较之思想政治教育的含义要广一些。

（三）思想政治教育的特点

思想政治教育作为一种政治性很强的教育实践活动，具有以下特点。

---

① 邱伟光，张耀灿．思想政治教育学原理［M］．北京：高等教育出版社，1999：4.

② 邱伟光，张耀灿．思想政治教育学原理［M］．北京：高等教育出版社，1999：4.

1. 思想政治教育的实践性

思想政治教育作为人类阶级社会普遍存在的一种教育实践活动，是人类社会实践活动的一种，具有明显的实践性特点。思想政治教育的实践性表现在：一方面，它是人类社会实践活动的需要和产物，确切地说是阶级社会中统治阶级维护自身统治的需要和产物，其产生和存在与社会实践紧密相连；另一方面，它本身就是一种社会实践活动，是教育主体在一定的目的和计划指导下，按照一定的教育内容对其教育客体——受教育者进行教育的实践活动。在这种实践活动中，教育客体的思想会发生某种程度的变化或者得到某种改造，与此同时，教育客体也以自身的情况和特点影响着教育主体，使教育主体在改造教育客体的同时也得到某种程度的改造，这种双向互动的过程，也就是实践活动中的主体客体化和客体主体化的过程。

2. 思想政治教育的政治性

思想政治教育是一定阶级和政治集团的思想政治教育，是为特定的阶级和政治集团服务的，是特定的阶级和政治集团为完成特定的政治目的和最终政治任务而进行的，“是受政治制约的思想教育，是侧重于思想理论方面的政治教育”①，因此，思想政治教育的主体和内容具有很强的政治性，如无产阶级的思想政治教育是教育主体对无产阶级政党和党外群众进行马克思主义世界观、人生观和价值观的教育，是为完成无产阶级的政治任务服务的，这种教育的目的是让广大无产阶级政党的党员和群众自觉为实现共产主义而奋斗，具有明显的政治性。

① 邱伟光，张耀灿．思想政治教育学原理［M］．北京：高等教育出版社，1999：4.

3. 思想政治教育的阶级性

在阶级社会里，各个阶级的思想政治教育都反映了本阶级的根本利益和要求，都是为本阶级的利益和要求服务的。奴隶主阶级的思想政治教育是奴隶主为了维护本阶级的统治而对广大人民进行的有利于维护自己统治的思想政治教育，地主阶级和资产阶级进行的思想政治教育同样是为了维护他们所代表的阶级的利益而进行的，目的是让被统治阶级按照统治阶级所期望的秩序进行生产和生活。因此，思想政治教育具有鲜明的阶级性特征。但剥削阶级不愿意也不敢承认这一点。马克思主义公开声明自己代表的是无产阶级和广大人民的利益，因此，马克思主义的思想政治教育是为无产阶级和广大人民的利益服务的，是无产阶级和广大人民的思想政治教育，具有鲜明的无产阶级党性。

二、思想政治教育目标分析

思想政治教育目标是指教育主体通过思想政治教育活动所要达到的预期目的或预期结果，它是思想政治教育活动开展的基本前提，是其内容确立的基本依据，是思想政治教育活动的出发点和归宿，规定着思想政治教育活动的发展方向，制约着整个思想政治教育活动的开展和进行。因此，思想政治教育目标的确立必须讲求科学性。只有目标正确和科学，思想政治教育活动才能沿着正确的方向发展，思想政治教育活动也才能取得更大的成效。

（一）思想政治教育目标的含义及作用

1. 思想政治教育目标的含义

思想政治教育目标是指“教育者根据社会的要求与人的发展要求，

通过思想政治教育活动使受教育者的思想政治品德在一定时期内所要达到的预期结果"①。从思想政治教育目标的概念可以看出，它的含义包括以下几方面。

第一，思想政治教育活动中教育者与受教育者在目标的制定和实施中所处的地位和发挥的作用不同。教育者是思想政治教育目标的制定者和实现者，在思想政治教育目标的实施中处于主导地位，发挥着主导作用；受教育者是思想政治教育目标实现的承担者，离开受教育者，思想政治教育的目标将无法实现，因此，受教育者也是思想政治教育目标实现的不可缺少的因素。

第二，思想政治教育目标的制定有其客观的规律和依据。社会的发展是一个自然历史过程，是有规律的人的生理和智力的发展，也有其自身的规律，不同的年龄段具有不同的特点。因此，教育者根据社会的要求和人的发展要求确立思想政治教育目标时必须尊重社会的发展规律和人的生长规律，充分考虑和尊重不同年龄阶段的受教育者的年龄特点和智力发展特点，坚持一切从实际出发，密切联系实际，否则，脱离社会发展和人的发展规律的思想政治教育目标必定会受到规律的惩罚。

第三，思想政治教育目标具有特定的内容，这种特定的内容就是反映社会或社会群体要求的、为社会或社会群体所接受的思想政治品德，而不是对受教育者传授的一般科学知识。只有受教育者的思想政治品德按照教育者的要求得到改变并达到教育者的预期目的时，思想政治教育的目标才得到了实现，否则，思想政治教育的目标就没有实现。

---

① 邱伟光，张耀灿．思想政治教育学原理［M］．北京：高等教育出版社，1999：182.

第四，思想政治教育目标是一种预期结果。思想政治教育活动的结果有多种，只有当思想政治教育活动的结果与思想政治教育活动的目标一致时，思想政治的目标才得到了实现，如果二者不一致或者相差甚远，说明思想政治教育的目标没有实现，这时我们就需要重新考虑确立的目标是否科学、思想政治教育活动的方法等是否正确。

2. 思想政治教育目标的作用

思想政治教育目标作为思想政治教育的一根主线，贯穿于思想政治教育活动的全过程，在思想政治教育活动中始终发挥着导向、纠偏、凝聚和激励等作用。

（1）导向作用。思想政治教育目标的导向作用，是指思想政治教育目标始终把思想政治教育活动引向教育者所要求的方向，并使思想政治教育活动产生教育者所期望的教育效果。思想政治教育目标好比大海中的灯塔，始终指引着思想政治教育活动这艘大海中航行的船朝着既定的方向前进，为思想政治教育活动不偏离正确的前进方向提供条件和保证，并指引着思想政治教育活动达到预期的目的和效果。

（2）纠偏作用。思想政治教育目标的纠偏作用，是指思想政治教育目标能够纠正偏离正确方向的思想政治教育活动，保证教育沿着预定的方向前进。思想政治教育活动容易受到各种社会因素的影响和干扰，从而发生偏离正确方向的情况。在这种情况下，思想政治教育目标就好比一座灯塔，把偏离航向的思想政治教育活动引向正确的轨道，最终达到预期的目的和效果。

（3）凝聚作用。思想政治教育目标的凝聚作用，“是指思想政治教育目标能够将教育者和受教育者团结起来，齐心协力地为实现目标而一致行动"①。因此，思想政治教育目标的凝聚作用，是通过团结和动员教育者和受教育者共同为目标的实现而努力来实现的。思想政治教育目标的凝聚作用，是思想政治教育活动成功开展和目标实现的重要保证，如果没有凝聚作用，思想政治教育活动将会是一盘散沙，目标不能得以实现，思想政治教育活动预期的目的和效果不能达到，从而失去思想政治教育的意义。

（4）激励作用。思想政治教育目标的激励作用，是指思想政治教育目标能够激发教育者的工作热情和献身精神以及受教育者的学习积极性。思想政治教育目标的凝聚作用表现在：一方面，思想政治教育目标能够调动起教育者和受教育者的潜在能力，为目标的实现尽心尽力，从而使教育者和受教育者在教育活动中创造出最佳成绩；另一方面，思想政治教育目标能够使教育者和受教育者通过努力实现目标后产生成就感和满意感，从而激发起他们为新的目标奋斗的内在动力。

（二）思想政治教育目标对于思想政治教育的意义

思想政治教育目标指引着思想政治教育活动沿着既定的方向开展，同时也激励着思想政治教育活动的教育者和受教育者为完成既定目标而努力，因此，思想政治教育目标对于思想政治教育活动的有效开展和顺利进行具有重要意义，表现在：首先，思想政治教育目标的确立使思想政治教育活动有了明确的目的和任务，是思想政治教育活动开展的前提；其次，思想政治教育目标规定着思想政治教育的内容、方法和步骤，以及开展思想政治教育活动的计划，是思想政治教育活动沿着正确

① 邱伟光，张耀灿．思想政治教育学原理［M］．北京：高等教育出版社，1999：182.

方向开展的保证；再次，思想政治教育目标能够提高教育者与受教育者参与思想政治教育的自觉性，能够增强思想政治教育活动的有效性；最后，思想政治教育目标能够通过检验思想政治教育活动的效果是否与预期的目的和效果相一致，指引着思想政治教育活动按照既定的目标和方向进行。

(三) 思想政治教育目标的内容及特性

1. 思想政治教育目标的内容

思想政治教育目标的内容总体上包括对受教育者的思想素质、政治素质、道德素质和心理素质等方面的要求。

(1) 政治方向。思想政治教育目标的政治方向是指使教育对象具有爱国主义思想，并能够按照一定的阶级和政治集团所要求的方向发展。具体到现阶段我国的思想政治教育，其政治方向是指爱国、爱社会主义，坚持四项基本原则，拥护党的基本路线和政策，为全面建成小康社会和社会主义现代化建设目标的实现而奋斗等。

(2) 理论素养。理论素养的方向是指思想政治教育使教育对象通过教育活动掌握统治阶级所倡导的理论知识，并运用这些理论知识进行社会实践活动。我国现阶段的思想政治教育要求教育对象努力学习马克思主义、毛泽东思想、邓小平理论、“三个代表”重要思想、科学发展观和习近平新时代中国特色社会主义思想，掌握马克思主义的立场、观点和方法，提高认识世界和改造世界的能力，具有为社会主义现代化建设贡献力量的较高的理论素养和知识水平。

(3) 道德品质。不同的阶级具有不同的道德要求，思想政治教育就是使教育对象具有统治阶级所要求的、社会上绝大多数人认同的道德品质。我们所要求的教育对象应具有的道德品质主要包括热爱祖国、热爱人民、热爱劳动、关心集体、遵纪守法、团结互助、诚实信用等优良品德。

（4）心理素质。健康的人不仅应具有健康的体魄，同时还应具有健康的心理。思想政治教育的心理素质目标是指使教育对象具有健康的心理素质，即具有良好的个性心理品质、较强的心理适应能力以及克服困难的毅力和顽强的意志等。

2. 思想政治教育目标的特性

思想政治教育目标作为教育者根据社会与人的发展要求，通过教育活动使受教育者的思想政治品德在一定时期内所要达到的预期结果，具有如下特点。

（1）方向性。任何时代和社会的思想政治教育目标都具有方向性，这种方向性，一方面，给思想政治教育活动指明了方向，使思想政治教育沿着既定的方向进行和开展，并达到预期的目的和效果；另一方面，要求思想政治教育目标必须与社会发展及特定阶级和政治集团所期望和要求的方向相一致，为促进社会发展和实现特定阶级、特定政治集团的政治任务服务。

（2）时代性。不同的时代，思想政治教育所要解决的任务和所面对的对象是不同的，思想政治教育目标必须反映不同时代的时代精神和时代特征，应具有鲜明的时代性。在革命战争年代，任何一方的思想政治教育都以打败敌人、取得胜利为目标；在和平年代，思想政治教育则以提高受教育者的思想政治素质和稳定社会、发展生产为目标。我国现阶段的思想政治教育目标反映了我国改革开放和现代化建设以及当今世界发展的时代特征，具有鲜明的时代性。

（3）层次性。思想政治教育目标是有层次的，一般分为近期目标、中期目标、远期目标和低层目标、中层目标、高层目标，这与人的思想存在层次性是分不开的。人的思想是一个由各种相互联系、相互作用的要素所构成的复杂系统，在这个系统中，人的思想要素具有差别和层次，并不处于同一水平。因此，思想政治教育目标要反映人的思想要素的层次性，并与之相对应，只有这样，思想政治教育才能适应人的身心发展规律，取得较好的效果，达到预期的目的和效果。

（4）整体性。马克思主义认为，系统是由众多要素构成的，具有整体性。思想政治教育目标作为一个系统，同样是由众多要素——子目标构成的一个统一整体，具有整体性。在这个整体中，虽然子目标各不相同，但他们之间又是相互联系、相互渗透的，它们的有机结合，构成了思想政治教育的整体目标。系统的原理还告诉我们，离开任何一个子目标，思想政治教育目标的整体将不能存在，因此，我们需要用系统的观点即整体性观点来认识和评价思想政治教育目标，从整体上把握思想政治教育目标。

（5）差异性。思想政治教育目标作为由众多子目标构成的整体，除了具有整体性的特点外，还具有差异性。思想政治教育目标的差异性包括两方面的含义，一个方面，是指思想政治教育目标的子目标各不相同，它们之间存在着差异；另一个方面，是指思想政治教育目标的贯彻执行，“应从教育对象实际出发、从教育对象的个性差异出发，针对教育对象的多样性，思想政治教育目标应体现差异性，能满足不同职业、不同层次、不同个性的教育对象成长发展的需要”①。因此，思想政治教育目标的确立既要反映社会发展的整体要求，又要考虑社会发展不同方面的需要，同时，还要适应教育对象的个体差异，做到一切从实际出发，制定适合不同层次、不同个体需要的子目标，因材施教。

（6）实践性。思想政治教育目标是在社会发展和人的发展要求的基础上制定的科学合理的、能够通过教育者和受教育者的教育实践活动实现的预期的目的和效果。这说明，思想政治教育目标是在实践的基础上产生而又能通过教育实践活动得到实现的预期目的和效果，离开实践，思想政治教育的目标既不能产生，也不能实现。因此，思想政治教育目标具有实践性。

（四）确立思想政治教育目标应处理的关系

思想政治教育目标是在实践的基础上适应社会发展的要求产生和发展的，具有历史性和动态性，同时，它的确立也是在充分考虑并尊重教育对象身心发展的特点和规律的基础上进行的。因此，思想政治教育目标的确立需要处理好以下几个方面的关系。

1. 思想政治教育的教育目标共性与个性的关系

思想政治教育的教育目标在内容上会对教育对象在政治方向、理论素养、心理素质等方面提出统一的要求，这是思想政治教育目标的共性问题。但思想政治教育活动面对的教育对象千差万别，不同的个体具有不同的特点，思想政治教育要从不同个体的不同特点出发，尊重客观实际和客观规律，一切从实际出发，做到因地、因时制宜，正确处理思想

① 邱伟光，张耀灿．思想政治教育学原理［M］．北京：高等教育出版社，1999：189.

政治目标的共性要求与个性差异之间的关系，只有这样，才能确立既反映社会发展要求又反映教育对象个体差异的科学合理目标，正确引导思想政治教育活动顺利进行。

2. 思想政治教育目标先进性与广泛性的关系

思想政治教育目标的确立要处理好共性与个性的关系，其中包含着要处理好先进性与广泛性的关系。处理好共性，也就是对所有人要有一个基本的统一的要求，这反映了教育目标的广泛性。处理好个性，也就是要对不同的对象树立不同的目标要求，当然对于教育对象中的先进分子应树立先进性的目标加以要求。对先进分子的先进性要求，可以起到引导和激励其他教育对象以先进分子为榜样的作用。因此，思想政治教育目标的确立也应处理好先进性和广泛性的关系，把二者有机地统一起来。

3. 思想政治教育目标原则性与灵活性的关系

思想政治教育目标的确立，只能对人的思想政治品德的形成和发展中比较重要的方面提出一些原则性的要求，而不可能对人的思想政治品德的所有方面都提出要求，这是因为思想政治教育所面对的对象是千差万别的，各有各的特点。更何况，社会是不断变化发展的，人的思想认识也是不断发展变化的。此外，思想政治教育目标确立后，应考虑到在实施过程中会遇到一些不确定的因素影响其实现。因此，思想政治教育目标的确立要处理好原则性与灵活性的关系，增强思想政治教育目标的适应性和生命力。

三、思想政治教育内容分析

思想政治教育的内容是思想政治教育目标的具体化，是一定的社会和社会群体对其成员实施思想政治教育时在思想、政治、道德等方面要求的具体体现，是思想政治教育活动进行的重要依据，体现着思想政治教育活动的性质，保证着思想政治教育活动的方向，对实现思想政治教育活动的目标和任务起着重要的作用。由于思想政治教育目标包含着丰富的内容，因此，作为思想政治教育目标具体化的思想政治教育内容也具有丰富性。概括起来，主要包括以下几个方面。

（一）政治理论教育

思想政治教育是社会或社会群体用一定的思想观念、政治观点、道德规范对其成员进行教育的社会实践活动，因此，思想政治教育的内容包括思想品德教育和政治理论教育等。就阶级社会的思想政治教育来看，政治理论教育一直是其重要内容。一般来说，思想政治教育内容中的政治理论教育包括意识形态教育、国家政权教育、政治理想教育、政治文化教育、政治统治教育和政治参与教育等内容。到了近代，思想政治教育的内容又扩展到了民主、自由、法制、人权等理论知识。任何阶级社会都重视政治理论教育，一方面是因为政治理论教育是人们政治社会化的一个重要途径和渠道，通过政治理论教育，可以使人们能够按照社会所要求的方式进行政治参与和政治活动，从而能够达到统治阶级稳定社会的目的；另一方面，政治对经济具有能动的反作用，政治理论教育可以统一人们的思想认识，调动人们从事社会建设的力量，从而起到凝聚人心、共同促进社会发展的作用。我们现阶段的政治理论教育，就是对社会成员进行马克思主义、毛泽东思想、邓小平理论、“三个代表”重要思想、科学发展观和习近平新时代中国特色社会主义思想等教育，通过教育改造人们的主观世界，提高人们认识社会、改造社会的自觉性，为社会主义现代化建设和全面建成小康社会而努力。

（二）思想道德教育

思想道德教育是思想政治教育的核心内容，在整个思想政治教育活动中处于重要地位，其内容主要为世界观教育、人生观教育、价值观教育和道德观教育。

1. 世界观教育

世界观是人们在社会实践的基础上形成的对世界的总的看法和根本观点。世界观支配着人生观、价值观，同时也决定着人们从事实践活动的方式。世界观人皆有之，但世界观有派别之分。马克思主义认为，世界观可以分为唯心主义世界观和唯物主义世界观两大派别，唯物主义世界观正确反映了物质与意识的关系，而唯心主义世界观则错误地反映了物质和意识的关系。马克思主义的世界观是唯物主义的世界观，是辩证唯物主义和历史唯物主义的有机统一，是正确、科学的世界观，我们的思想政治教育就是要引导和帮助人们树立马克思主义的科学世界观。

2. 人生观教育

在漫长的人生历程中，人们总会要问人为什么要活着、人怎样活着才最有意义等问题，这就是人生观问题。根据马克思主义的观点，人生观是人们在世界观的指导下形成的对人生的目的和意义的根本看法和根本态度，它的内容包括苦乐观、幸福观、生死观、荣辱观等。世界观决定人生观，有什么样的世界观，就会有什么样的人生观，同时人生观也反映世界观。人们对人生的目的和态度的认识不同，就会形成不同的人生观，比如历史上曾经存在过享乐主义的人生观、悲观主义的人生观、权力意志主义的人生观等，由于这些人生观没有正确地认识到人生的目的和意义，对人生的态度也是不科学甚至是错误的，因而这些人生观是不科学的。马克思主义人生观批判地继承了人类历史上一切进步的人生观，正确地认识到了人生的目的在于为绝大多数人谋利益，人生的意义在于奉献，因而是科学和正确的人生观。我们的人生观教育，就是要教育人们树立马克思主义的科学人生观，树立为人民服务的思想，为社会主义建设和实现共产主义而奋斗。

3. 价值观教育

哲学上讲的价值，是一种关系范畴，反映了主体的需要与客体的满足程度之间的关系。因此，所谓“价值观是指人们在对周围事物能否满足个人或社会某种需要进行评判时所持的观点”①。人们对于主体需要与客体的满足程度之间的认识不同，就会形成不同的价值观。价值观有阶级之分，资产阶级宣扬“个人的利益高于一切”，他们的价值观是极端个人主义价值观。无产阶级坚持人民的利益高于一切、集体利益高于个人利益，其价值观是集体主义价值观。无产阶级集体主义价值观虽然坚持集体利益高于个人利益，但并不否认、不排斥个人利益，而是正确地处理了集体利益和个人利益的关系。作为无产阶级的思想政治教育，我们的价值观教育就是要帮助人们树立马克思主义的集体主义价值观，把自我价值和社会价值有机统一起来。

4. 道德观教育

道德作为一种人们行为规范的调节手段和调节方式，是人类在长期的社会实践中逐步形成和发展起来的。马克思主义产生以前，一些思想

---

① 邱伟光，张耀灿．思想政治教育学原理［M］．北京：高等教育出版社，1999：197.

家虽然从不同时代、不同角度探讨了道德起源、道德原则、道德规范等问题，但由于受历史和阶级的局限，都未能做出科学解释。马克思主义从社会生产和生活实践中、从无产阶级的立场和利益出发，科学地解释了“道德”的含义，认为道德是人类在社会生活中为了调整人与人之间、个人与社会之间的关系，以善和恶、荣和辱、正义和非正义等为评价标准，依靠内心信念、社会舆论和传统习惯所维系的行为规范的总和。同时，马克思主义还认为，道德具有阶级性和历史性，超越阶级的道德和永恒不变的道德是不存在的。从历史上存在的不同的道德来看，一切剥削阶级所倡导的道德都是他们维护和巩固其统治的工具。无产阶级的道德，即共产主义道德，是无产阶级和劳动人民利益的反映，是人类历史上最伟大、最高尚的道德。因此，我们思想政治教育的道德观教育，就是要教育广大人民懂得马克思主义的道德观，并按照马克思主义的道德标准来进行生产和生活。

（三）理想信念教育

理想是人生的奋斗目标，属于社会意识的范畴，是社会存在的反映。任何理想都是一定社会的经济关系和其他社会条件的产物，并随着经济关系和社会历史条件的变化而变化。在阶级社会里，由于人们分属于不同的阶级，所以人们的理想也往往打上了阶级的烙印。如地主阶级的理想就是要保持封建剥削制度，资产阶级的理想就是要最大限度地追求剩余价值，而无产阶级和广大人民的理想则是要废除剥削制度，建立没有剥削、没有压迫、人人平等的共产主义社会。崇高的理想，是人的精神支柱，是社会发展的助推器，对人生的发展和社会的发展起着重大的指导和促进作用。

信念是人们在社会实践中对各种观点、理论和事业经过鉴别和选择而逐渐形成发展起来的、对某种认识和理想等所形成的内心的真挚信仰，是人的精神支柱。在阶级社会，信念属于不同的阶级意识。信念不同，人们对事物的立场、观点和态度也会不同。社会生活中，人们总是为了自己的信念而努力奋斗，总是从自己的信念出发去观察周围的事物，又总是根据自己的信念，站在不同的立场上去判断是非。因此，信念对人的发展和社会的发展同样起着重要作用。

我国现阶段的思想政治教育，就是要用共产主义的远大理想和信念教育广大党员和群众，使人们在内心深处形成共产主义的崇高理想和为共产主义而奋斗的坚定信念，增强人们为共产主义奋斗的自觉性，自觉参加社会主义建设，促进我们的社会主义社会更快、更好地向前发展。

（四）爱国主义教育

马克思主义认为，“爱国主义是人们忠诚、热爱、报效祖国的一种集情感、思想和意志行为于一体的社会意识形态”①，是对自己祖国在内心深处的认同和热爱，是一种基本的道德规范和重要的政治原则。爱国主义集中表现为人们为争取自己祖国的独立、富强而英勇献身的奋斗精神，对人们的思想和行为具有强烈的影响。

爱国主义是一个历史和阶级范畴，不同的历史时期、不同的阶级有不同的内容。剥削阶级的爱国主义，虽然在某种特定条件下也具有积极意义，但以维护本阶级的私利为目的，是狭隘的爱国主义，带有阶级的局限性，如我国封建社会贾谊的“国而忘家，公而忘私”、范仲淹的

① 佘双好．大学生思想道德修养导论［M］．武汉：武汉大学出版社，1999：85.

“先天下之忧而忧，后天下之乐而乐”等就有明显的阶级局限性。在私有制条件下，他们所爱的“国”和“家”只能是封建皇帝的“国”和“家”，而不可能是普通劳动人民的“国”和“家”。资产阶级的爱国主义在历史上曾经起到过进步的作用，但它是同资产阶级民族主义观点相联系的，其最终目的是为了维护资本主义私有制，因而，也同样具有明显的阶级局限性。无产阶级的爱国主义具有先进的阶级基础和马克思主义理论的指导，并且继承了历史上爱国主义的优良传统，与无产阶级的解放事业和共产主义的崇高理想结合在一起，代表和反映了无产阶级和一切劳动者的根本利益，反对一切阶级压迫和民族压迫，彻底摆脱了种族偏见和民族偏见，克服了大国沙文主义和狭隘民族主义的局限，既维护本国人民的根本利益，也维护世界人民的根本利益，同国际主义密切结合在一起，因此，是一种新型的爱国主义，是人类历史上迄今为止最崇高的爱国主义。

我们的爱国主义教育，就是以马克思主义的爱国主义理论为指导，用无产阶级的爱国主义思想教育广大人民，不断提高广大人民的道德水平，让广大人民具有爱国思想、爱国情怀、爱国精神、爱国行动，在爱国主义的旗帜下，凝聚智慧和力量，统一思想和行动，为中华民族的伟大复兴和共产主义社会的实现而不断努力奋斗。

（五）社会规范教育

社会规范是一定社会的人们为了共同的社会生活需要，在社会互动过程中衍生出来、相习成风、约定俗成或者由社会特定的群体或机构制定实施的有关人们社会行为的规矩和社会活动的准则。它是社会用来调节人的社会行为，控制社会秩序，维护社会稳定的工具。社会规范包括风俗习惯、道德规范、法律规范和规章制度等，其中法律规范和道德规范是社会规范中最基本和最重要的规范。法律作为一种刚性的社会规范，是靠强大的国家机器来保证实施的，主要作用是惩恶，特点是他律。道德作为一种柔性的社会规范，“是靠社会风俗习惯、社会教育、社会舆论和人们的内心信念及对规则的尊重、负罪感或自省来维系的”①，主要作用是劝善，特点是自律。此外，法律规范不可能对社会生活的所有方面都做出规定，其调节的范围是有限的，而道德规范所调节的范围很广，几乎包括人类生活的一切领域。因此，它们的互补性很强，只有把二者有效结合，才能发挥其应有的作用。

历史上存在的剥削阶级，都从维护本阶级的统治和利益出发，运用反映本阶级利益的道德规范和法律规范以及人们在社会生活中形成的风俗习惯等社会规范对其成员进行教育。代表广大人民群众根本利益的无产阶级建立自己的政权后，也对广大人民群众进行了社会规范教育，其教育的目的是让广大人民群众懂得社会规范的特点、作用，以及如何运用社会规范来处理人与人、人与社会的关系，增强人们之间社会交往的自觉性。

我国现阶段思想政治教育的社会规范教育就是对广大人民群众进行社会主义的道德教育、法治教育，提高人们的道德水平和法律意识，增强人们的法治观念，使人与人之间、人与社会之间和谐相处，为我国的民主建设、法治建设以及和谐社会建设营造社会环境和创造人文条件。

---

① 王学俭. 法律基础［M］. 北京：中共中央党校出版社，2002：7.

四、思想政治教育在实践中遇到的挑战

思想政治教育是在社会实践的基础上产生，并随着社会实践的发展而不断发展的。社会实践的发展能够为思想政治教育带来机遇，同时也能够带来挑战。无产阶级为实现建立没有剥削、没有压迫、人人平等的共产主义社会而进行的反对资产阶级统治的政治斗争实践，使无产阶级思想政治教育在马克思主义理论的指导下应运而生。社会主义社会作为共产主义社会的一个阶段，是一种新的社会形态，其建设事业是一项崭新的事业，没有经验可以借鉴，只能在实践中不断探索。无产阶级思想政治教育作为社会主义建设顺利进行的保证之一，只能与不断探索的社会主义建设相适应。无产阶级的思想政治教育虽然可以借鉴历史上存在的思想政治教育的成功经验和做法，但它与剥削阶级的思想政治教育有着本质的区别，在很多方面与剥削阶级的思想政治教育有着本质的不同，不能对剥削阶级的思想政治教育进行简单的、生搬硬套的移植，而需要在社会主义建设的实践中根据具体情况来确定与之相适应的内容、方式、方法等。如今，国际局势风云变幻，国内改革进入关键期，各种新情况、新问题层出不穷，使我国的思想政治教育面临前所未有的挑战。

（一）思想政治教育内容面临的挑战

随着我国社会主义市场经济体制的确立以及改革开放的不断深入，我国的经济成分、组织形式、就业方式、利益关系和分配方式日益多样化，人们思想活动的独立性、选择性、多变性和差异性日益增强。加入世贸组织后，我国与西方发达国家的联系更加紧密、交往更加频繁，西

方发达国家对我国，尤其是对我国青年一代的影响进一步加深。网络的逐渐普及，既方便了人们的生活，同时也带来了一些负面影响，如网络犯罪、过度迷恋上网等。这些客观环境的变化，一方面使我国人民的民主意识、法治意识、主体意识等不断增强，给我国思想政治教育从国内走向国际，在比较、学习、借鉴中进一步发展带来了机遇，同时也给我国带来了不少社会问题，如受西方思想文化及生活方式的腐蚀，一部分人在理想信念、价值取向、诚信意识、社会责任感、艰苦奋斗精神、团结协作观念等方面的意识被弱化。这些问题的客观存在，给我国思想政治教育的内容提出了挑战，传统的以政治理论教育为主要内容的思想政治教育已不能很好地满足现实社会发展和人的发展的需要，这就需要创新和优化思想政治教育内容，使其反映时代发展的要求。

（二）思想政治教育方法面临的挑战

改革开放前，我国高校思想政治教育主要运用“一块黑板一支笔、一本讲义一张嘴”的教学方式和灌输式教学方法，这种“填鸭式”的教学方式和方法理论性强、说教味浓，而我国机关、企事业单位和农村的思想政治教育更多的是依靠强迫命令的方法，这种方式简单、方法单一的思想政治教育模式一直沿用到改革开放后的很长一段时期。改革开放后尤其是加入世贸组织后，我国与西方发达国家的联系日益增强，我国人民的思想意识、消费观念、工作环境、学习条件、工作方式、工作方法等与以前相比出现了明显不同的变化，人们的民主意识、法治意识、自由平等思想、以人为本的思想等不断增强，传统的灌输式思想政治教育方法已不能很好地适应今天社会的发展变化和人们思想观念的变化，新的思想政治教育方法，尤其是理论联系实际的实践式教育方法需要在实践中不断探索并加以应用。

（三）思想政治教育形式面临的挑战

过去，我们的思想政治教育主要靠专职的思想政治教育工作者，也就是学校的政治课教师、班主任、辅导员和机关、企事业单位的政工人员以及农村的村干部等进行，主要通过授课、开会、解决问题等形式来进行，这些思想政治教育形式较适宜于人员流动小的社会范围。党的十一届三中全会后，我国停止了“以阶级斗争为纲”的做法，把工作重心转移到了经济建设上来，尤其是20世纪90年代以来我国改革开放进一步深入和经济建设飞速发展，使我国城乡之间、行业之间、单位之间人员流动不断加快，流动规模不断加大，同时，私营企业从业人员也大规模增加。人员流动的加快、规模的扩大以及私营企业从业人员的大量存在，给我国现阶段的思想政治教育形式提出了新的挑战。这就需要依据我国现阶段社会的发展特点以及不同教育对象自身存在的特点，采取合适的思想政治教育形式，扩大教育覆盖面，提高教育效果。

（四）思想政治教育功能面临的挑战

思想政治教育作为一项阶级性和政治性很强的教育实践活动，最突出的功能是政治功能和教育功能。政治功能，也就是思想政治教育通过向教育对象传授一定的政治观点、道德规范等，以此来改造教育对象的主观世界，为实现一定的政治任务和政治目标服务。教育功能，是指思想政治教育活动能够转变教育对象的思想认识，提高其政治理论水平、政治素养和道德品质，能够提高教育对象认识世界和改造世界的能力。除了思想政治教育具有政治功能和教育功能之外，思想政治教育还具有经济功能、文化功能等。思想政治教育的经济功能，是指思想政治教育能够为经济建设保驾护航，能够通过提高人们生产工作的积极性来提高经济效益。思想政治教育的文化功能，是指思想政治教育通过传播一定的政治文化，通过塑造一定的文化环境，为本阶级、本集团、本社会的文化建设服务。代表广大劳动人民根本利益的无产阶级对本阶级和广大人民群众进行思想政治教育的目的，是通过提高无产阶级和广大劳动人民的政治觉悟，为实现没有剥削和压迫、人人平等的共产主义社会而自觉奋斗，因而，它具有很强的政治功能、教育功能，同时无产阶级的思想政治教育也具有经济功能和文化功能。

改革开放后，我国的经济成分、组织形式、就业方式、利益关系和分配方式出现了多样化，尤其是近年来私营企业主等新的社会阶层出现。受西方文化和生活方式的影响，我国一部分人存在政治信仰迷茫、理想信念模糊、价值取向扭曲等问题，一部分人存在拜金主义、享乐主义等错误倾向。这些新情况的出现和存在，使我国近年来思想政治教育的功能出现了弱化的局面，给我国现阶段的思想政治教育功能的发挥提出了严峻挑战。

第三章

新时代社会实践对思想政治教育的价值

一、社会实践是进行思想政治教育的有效途径

马克思主义认为，社会实践的过程是实践主体有目的、有计划地改造客观世界的过程，是实践主体充分发挥自己的积极性、主动性的过程，这一过程在改造客观世界的同时，也改造着实践主体的主观世界，从这个意义上说，它是实践主体自我教育的过程。同时，社会实践的过程还是人的全面发展，以及人的世界观、人生观、价值观和政治观点、政治立场形成的过程，是人的认识水平、道德水平和政治素质不断提高的过程，这个过程能够使实践主体在内容丰富、形式多样的实践活动中充分发挥自己的主动性和积极性，并把理论和实际相联系，所以说社会实践是思想政治教育的有效途径。

（一）理论联系实际使思想政治教育更为直观和生动

从历史和现实的思想政治教育活动来看，思想政治教育的进行主要采取的是灌输的方式，强调的是教育主体从外部对教育对象不断进行政

治理论灌输，从而使教育对象形成符合一定社会或一定群体所要求的思想观念、政治观点和道德规范，并在实践活动中自觉加以运用。在有关无产阶级思想政治教育问题上，列宁认为“阶级政治意识只能从外面灌输给工人”①。灌输式的思想政治教育曾经在提高被教育者的认知水平上发挥过重要作用，但它由于不能很好地发挥教育对象的主动性和积极性，加上现代社会中人们接收信息的途径和方法较多，教育对象可以通过网络等途径轻而易举地获取大量信息，这就在一定程度上弱化了当今灌输式思想政治教育的效果。为了改变目前思想政治教育作用弱化、吸引力与感染力低的局面，提高思想政治教育的针对性、亲和力、吸引力和感染力，我国有学者提出了“思想政治教育的接受模式”，但笔者认为，这种接受式的思想政治教育模式的实质是灌输式思想政治教育模式的变种，因为接受建立在给予主体提供一定的客观物质给予接受对象的基础上，具体到思想政治教育也就是，教育主体提供一定的、符合思想政治教育对象需要的思想政治教育内容给教育对象，以此影响教育对象的思想认识，达到思想政治教育的目的。这种“接受式的思想政治教育”与传统灌输式的思想政治教育相比，虽然强调和发挥了教育对象的主动性，但向教育对象提供思想政治教育内容和信息的做法的实质仍是一种教育主体从外部向教育对象灌输一定的思想政治教育内容和信息并使之接受的灌输式思想政治教育。灌输式的思想政治教育总体上来说强调的是理论说教，在很多情况下它并不能很好地与社会现实相联系，甚至也会出现一些思想政治教育内容与社会现实不相符合的情况，

① 中共中央马克思恩格斯列宁斯大林著作编译局．列宁选集：第1卷［M］．北京：人民出版社，1960：293.

在这种情况下，思想政治教育的效果会被弱化，甚至不能达到思想政治教育预期的目的。例如，为了促进我国社会生产力的快速发展，现阶段我国从政策上允许私营企业和外资企业的存在并支持和鼓励它们发展。这些企业的存在和发展对目前我国经济、社会发展以及人民生活水平的提高是有益的，但另一方面，这些企业也存在着企业主对员工的剥削，这种情况与我们所进行的“社会主义社会是没有压迫和剥削、人人平等的社会”的思想政治教育内容并不相符，由此会造成一部分人对思想政治教育内容在某种程度上的不认可，从而弱化思想政治教育效果。从现实生活中的这个例子可以看出，理论脱离实际的灌输式的思想政治教育在某些情况下由于不能很好地把理论与实际生活相联系，从而不能很好地实现思想政治教育的预期目的和效果。

以思想政治教育内容为指导并以思想政治教育为目的的社会实践，能够使实践主体也就是思想政治教育对象把理论灌输中的抽象表述与具体的社会生活实际联系起来，通过对思想政治教育理论的直接运用以及对社会生活的直接接触和所见、所闻等直接体验，加深对思想政治教育理论知识的理解和认识，在社会实践中使自己的思想观念得到转变和提高，并且通过社会实践，被教育者的思想文化素质、政治素质、道德素质、身体素质等也会得到考验和检验。所以，思想政治教育通过社会实践的途径和方式能够把理论和实际紧密联系起来，从而使思想政治教育变得更为直观和生动。

（二）主体广泛参与使思想政治教育更为主动和有趣

一般来说，思想政治教育主体是思想政治教育的组织者、实施者，客体是思想政治教育的对象即受教育者。在思想政治教育活动中，教育主体总是通过一定的教育方式和方法将社会所要求的思想政治教育内容灌输给教育客体，通过改造教育客体的主观世界使思想政治教育客体形成社会所要求的思想政治品德和素质，从而达到思想政治教育的预期目的和效果。

以思想政治教育内容为指导并以思想政治教育为目的的社会实践，要求思想政治教育活动中的受教育者运用自己所掌握的思想政治教育知识从事一定的实践活动，并运用自己所掌握的思想政治教育理论知识去观察社会、了解社会。因此，这种社会实践活动，打破了思想政治教育活动中主客体的明显界限，使思想政治教育的客体作为社会实践的主体在积极、主动发挥自己主观能动性的基础上，结合自己所掌握的思想政治教育理论知识观察社会、了解社会和改造社会，从而使思想政治教育活动中的受教育者通过社会实践这种感性的实践活动形式，加深对思想政治教育理论知识的理解和认识，进而使自己的主观世界得以改造。因此，以思想政治教育内容为指导并以思想政治教育为目的的社会实践活动，能够使思想政治教育的受教育者变被动为主动、变客体为主体，通过这种角色的转变，调动受教者的积极性、主动性，通过认识社会、改造社会而改造自身并提高自身的思想政治素质，从而更为有效地达到思想政治教育的预期目的和效果。

由于以思想政治教育内容为指导并以思想政治教育为目的的社会实践活动离不开思想政治教育主体的指导，因此，这种社会实践活动也同样能够使思想政治教育主体广泛参与到这种社会实践活动之中，并使自己的主观世界在这种社会实践活动中得到一定程度的改造。因此，以思想政治教育为目的的社会实践活动能够使思想政治教育的主体和客体广泛参与其中，并能够使思想政治教育的客体变被动为主动，通过对社会生活的直接接触和感受使自己的主观世界在生动有趣的实践活动中得到改造，从而使思想政治教育变得更为生动和有趣。

（三）形式多样使思想政治教育更为丰富和充实

社会实践内容丰富，形式多样。从内容上来划分，社会实践可以分为政治实践、文学创作实践等；从形式上来划分，社会实践可以分为生产实践、社会交往实践、科学探索试验等形式。不同内容、不同形式的社会实践会对实践主体产生不同程度、不同方面的影响，如，政治实践活动能够使实践主体产生一定的政治认识、政治观点和政治立场；道德实践活动会使实践主体产生一定的道德认知、道德情感、道德选择和道德行为；生产实践活动能够加深实践主体对生产、生活的认识和体验以及促进自己身体素质的提高；艺术创作活动能够使实践主体对社会生活的认识和感受得到升华，艺术欣赏活动能够培养和提高实践主体的审美情趣；以思想政治教育为目的的思想政治教育活动能够提高自己的思想政治素质和道德素质等。

思想政治教育采取社会实践的途径和形式，能够使思想政治教育在内容丰富、形式多样的社会实践活动中实现思想政治教育形式的多样化、内容的丰富和直观化，能够实现思想政治教育理论与实际的直接结合，从而更好地实现思想政治教育的预期目的和效果。从这个意义上说，形式多样的、以思想政治教育为目的的社会实践活动能够使思想政治教育变得更为丰富和充实。

二、社会实践是思想政治教育目标实现的有效方式

思想政治教育目标的实现通过教育对象主观世界的改造、思想认识

的转变及其自身素质的提高等来体现，而社会实践能够有效地改造人的主观世界、转变人的思想意识、提高人的自身素质，并能够促进人的全面发展，因此，它是思想政治教育目标实现的有效方式。

（一）社会实践改造人的主观世界

社会实践是人有目的、有计划地改造客观世界的物质活动，是主客体之间的物质变换过程。一方面，这个过程，是主体客体化的过程，即主体在实践活动中把自己的意志等本质力量外化为客观对象的一部分，使客体按照自己的意志得以改变的过程，这个过程是主体改造客体的过程。另一方面，这个过程是客体主体化的过程。客体以自身的客观特性等规定和制约着主体，使自己的客观特性在实践的基础上转化为主体的观念性认识，从而使主体的思想、认识等发生某种程度的改变，这个过程是主体被改造的过程。因此，社会实践能够在客体主体化的过程中改造人的主观世界，表现在以下几个方面。

首先，社会实践前，人要对社会实践的对象进行充分的了解和认识，以便制订切实可行的、有针对性的社会实践方案，从而能够减少社会实践活动的盲目性，增强自觉性。这种社会实践前实践主体对客观对象的了解和认识，既包括对实践对象表面现象的感性的了解和认识，又包括对实践对象部分本质进行的理性的了解和认识，同时还包括对客观对象进行改造所要遵循的规律进行的认识和把握。这种社会实践前实践主体对客观对象的了解和认识相对于实践主体已有的认识来说是一种新的认识。新认识的形成，说明实践主体的主观世界在某种程度上得到了改造。

其次，社会实践中，人们总会按照自己的目的、计划和方案对客观对象进行改造，这个过程也是人的计划、方案不断调整的过程。马克思主义认为，社会实践并不是不受约束的自由任意的活动，而是受到客观对象的制约的，人们只有在尊重客观对象规律的基础上才能取得预期的目的和效果，否则，必然会归于失败。因此，社会实践活动中人们总是根据社会实践的阶段性成果或结果来不断调整自己的计划和方案，这种调整，也在不同程度上改变着实践前实践主体对实践对象的认识。此外，由于人们对社会实践对象的认识不可能一步到位，加之，社会实践的过程是实践对象的本质不断暴露的过程，因此，这个过程会使人对实践对象的认识随着实践对象本质的不断暴露而改变或深化。所以，社会实践活动的进行，也使人的主观世界在某种程度上得到了改造。

最后，社会实践活动的结果可能有多种，可能是完全达到了实践主体的目的和计划，也可能是部分实现了实践主体的目的和计划，更可能是与实践主体的目的和计划背道而驰。完全实现了实践主体的目的和计划，说明实践前实践主体对实践对象的了解和认识以及实践活动中实践主体所采取的实践方法、手段和步骤等是正确的，这种情况会加深人们对实践对象的认识。部分实现了实践主体的目的和计划，说明实践主体对客观对象的认识还不完全正确，或者所采取的方法、手段、步骤等不完全适合社会实践活动，这种情况需要实践主体重新审视和认识实践对象，或者采取新的实践计划、方法、手段和步骤等对实践对象进行新的改造。与实践主体的目的和计划背道而驰的社会实践结果，说明人们对客观对象的认识不正确，或者认识正确，但实践的方法、手段和步骤等不正确，这种情况也会促使实践主体对客观对象进行重新认识，或者重新采取新的符合客观对象实际情况的实践方法、手段和步骤等对实践对象重新进行改造。因此，社会实践活动的结果检验着人们对实践对象认识的正确程度，通过人们对实践对象认识的改变改造着人的主观世界。

（二）社会实践转变人的思想意识

人的认识是在实践的基础上产生并随着实践的发展而发展的。作为人的观念性的思想意识，从本质上来说是对物质即客观世界的反映，但思想意识有正确和错误之分。正确的思想意识是人对客观物质世界的正确反映，以这种思想意识为指导，人们就能够采取正确的行动，并取得预期的目的和效果；错误的思想意识是人对客观物质世界所产生的不符合客观情况的错误反映，这种思想意识会把人的行动引向歧途，甚至会给社会带来一定程度的危害。

马克思主义认为，实践是检验真理的唯一标准。同样，人的思想意识的正确与否，也只能由实践来检验。如果一个人在其思想意识指导下所进行的社会实践活动的结果证明了他的思想意识与客观实际相符合，则说明他的思想意识是正确的，反之，则是错误的。人的社会实践活动是有目的、有意识的，为了实现既定的目的，人在实践活动中总会自觉不自觉地随着实践的发展变化而不断转变着自己的观念即思想意识。

我国逐步确立社会主义市场经济的过程证明了“社会实践转变人的思想意识”的正确性。20 世纪 50－60 年代，我国仿照苏联的模式，建立了高度集中的计划经济体制，这种经济体制适应了当时的国情，促进了当时我国经济建设的恢复和发展，加快了当时社会生产力的发展，那时的计划经济体制适应我国社会发展的做法是毫无疑义的。十一届三中全会后，我国实现了工作重心的转移，开始了以经济建设为中心的新时期。这一时期，计划经济体制造成的“大锅饭”局面对我国经济建设的束缚越来越明显和突出，这种情况下，如果仍然坚持认为“计划经济体制是中国经济建设的唯一选择”，“是中国最好的经济发展模式”，就有些不合时宜了。为了建立适合我国国情的经济体制，调动人们生产的主动性、积极性，更快地促进我国经济和社会生产力的发展，中国共产党从党的十二大开始，进行了不断的探索，在此过程中我们党相继提出了中国的经济是“以计划经济为主，市场调节为辅”，是“公有制基础上的有计划的商品经济”，“社会主义有计划的商品经济应该发挥计划和市场两种手段的调节作用”，以及“社会主义市场经济”等概念。经济建设的实践证明，改革开放后我国建立社会主义市场经济体制是正确的选择，因为，社会主义市场经济体制的建立促进了我国经济的快速发展和人民生活水平的不断提高，使我国的综合国力不断增强。我国建立社会主义市场经济体制的过程是一个思想意识不断转变、传统观念不断突破的过程。这是因为，马克思主义经典作家马克思和恩格斯曾经设想未来社会主义和共产主义实行计划经济，不存在商品货币关系；列宁更为明确地指出“只要还存在着市场经济，只要还保持着货币权力和资本力量，世界上任何法律都无法消灭不平等和剥削。只有建立起大规模的社会化的计划经济，一切土地、工厂、工具都转归工人阶级所有，才能消灭一切剥削”①，在这里，列宁把市场经济与计划经济作为两个对立的概念提了出来；斯大林虽然承认社会主义时期存在商品生产和商品交换，但认为全民所有制企业生产的生产资料不是商品，计划经济是排斥商品和价值规律的；改革前，我国在一个很长的历史时期

① 中共中央马克思恩格斯列宁斯大林著作编译局．列宁全集：第 13 卷［M］．北京：人民出版社，1990：124.

内照搬苏联模式，实行高度集中的计划经济体制，把计划经济看作社会主义经济的基本特征，把市场经济同资本主义等同起来，限制和否定市场的作用。此外，一些资产阶级的政治家和学者也把市场经济看作资本主义社会特有的经济形式，而把计划经济与社会主义相等同。因此，长期以来，无论是马克思主义者还是资产阶级的政治家和学者，都把市场经济看成资本主义特有的经济形式，强调市场经济只能与私有财产制度相联系，认为市场经济与社会主义是根本对立的，社会主义不能搞市场经济，这些思想严重地束缚着我国人民。社会主义市场经济体制的提出和建立，是人们在经济建设实践的基础上思想意识不断转变的结果，是对社会主义不能搞市场经济传统观念的突破和否定。

（三）社会实践提高人的自身素质

社会实践是主观见之于客观的活动，是主体客体化和客体主体化相统一的活动和过程，在这个过程中，客观世界按照实践主体的目的、意志等本质力量得到改造，实践主体在客观对象的制约下也会发生某种程度的改造和变化。实践主体的这种变化，主要是观念上的变化，是主观世界得到改造和思想意识得以转变的变化。对于实践者本人来说，实践基础上得到的认识是直接经验，而对于没有直接参与该实践活动的人来说则是间接经验。直接经验和间接经验的区分是相对的，而不是绝对的，这是因为，对于实践者本人来说，他在实践基础上得到的直接经验对于没有参加该实践活动的人来说是间接经验；对于自己来说是间接经验的认识，恰恰来源于别人的实践活动，是别人的直接经验。因此，直接经验和间接经验都来源于实践，都是人的社会实践活动的产物，同时，人对间接经验的掌握本身也是一种社会实践活动。由于人的科学文化知识是直接经验和间接经验的有机统一，而人的文化素质的高低主要取决于一个人所掌握的文化知识的多少，因此，掌握文化知识的社会实践活动能够提高人自身的科学文化素质。

社会实践同样能够提高人的政治素质。人的政治素质的提高，主要是通过政治社会化的途径和过程来实现的。马克思主义认为，政治社会化是人们在特定的政治关系中，通过社会政治生活和政治实践活动，逐步获得政治知识和能力，形成和改变自己的政治心理和政治思想的能动过程。因此，政治社会化的过程，是一个人参与政治生活、从事政治实践，并在此基础上获取政治知识，进而形成自己的政治心理和政治思想的过程，是一个社会实践的过程。此外，人的政治素质的提高，也可以通过系统学习、掌握一定的政治文化并使之内化为自身的政治素质来实现，这种系统学习并掌握一定的政治文化的过程，本身就是社会实践的过程。因此，社会实践能够提高人的政治素质。

人的思想道德素质的提高也同样离不开社会实践。一方面，道德作为调节人与人、人与社会、人与自然之间的社会规范，是在社会实践的基础上产生的，并随着社会实践的发展而发展。人的思想作为人们对客观世界的认识，也是社会实践的需要和产物，同样是随着社会实践的发展而日益深化的。这说明，人的思想道德素质的内容——思想和道德是社会实践的产物。因此，社会实践为人的思想道德素质的提高奠定了基础，使人的思想道德素质的提高有了依托。另一方面，社会实践还能够直接提高人的思想道德素质，表现为：社会实践的不断发展要求有与之相适应的不断发展的思想道德，社会实践的这种需要推动着人的思想道德素质不断提高。例如，教育实践通过向教养对象不断宣传和灌输优秀的思想道德文化，使教育对象通过不断学习并掌握这些思想道德文化而使教育对象自身的思想道德素质不断提高，与此同时，教育主体在教育实践活动中也会受到教育，从而使教育主体自身的思想道德素质得到提高。

此外，社会实践还能够提高人的自身身体素质。社会实践，具体地说是生产实践，为人们提供了吃、穿、住、行、用等物质生活资料，这些资料，为人的身体素质的提高提供了物质条件和基础。同时，社会实践还能够使人在实践活动中不断强健自己的身体、健全自己的人格、开发自己的智力、增长自己的见识、提高自己的心理素质和处理问题的能力，因此，在社会实践中实践主体的身体素质会得到不断提高。

（四）社会实践促进人的全面发展

马克思主义认为，人的全面发展是指在生产力高度发达、生产关系高度发展以及物统治人的旧的社会分工消除的基础上实现的人的体力和智力、精神和道德等方面充分而自由的发展，而社会实践是实现人的全面发展的有效途径。在马克思和恩格斯看来，“通过社会生产，不仅可能保证一切社会成员有富足的和一天比一天充裕的物质生活，而且还可能保证他们的体力和智力获得充分的自由的发展和运用”①。同时，马克思主义还认为，人的全面发展的实现只能通过社会实践，因为，实现人的全面发展，既需要有充分发展的社会生产力并创造出高度发达的物质条件，又需要有高度发展的、不存在剥削和压迫、人与人和谐相处的社会关系，同时还需要消除物对人的压迫的旧式社会分工，这三个条件

① 中共中央马克思恩格斯列宁斯大林著作编译局．马克思恩格斯选集：第3卷［M］．北京：人民出版社，1995：633.

的实现，无一能离开人的社会实践活动。因此，社会实践能够为人的全面发展创造物质条件。

马克思主义还认为实现人的全面发展的过程本身就是一个社会实践的过程，并且是一个革命的实践过程。在马克思看来，人的发展是“在革命活动中，在改造环境的同时也改变着自己”① 的过程，因为，“无论为了使这种共产主义意识普遍地产生还是为了达到目的本身，都必须使人们普遍地发生变化，这种变化只有在实际运动中，在革命中才有可能实现，因此革命之所以必需，不仅是因为没有任何其他的办法能推翻统治阶级，而且还因为推翻统治阶级的那个阶级，只有在革命中才能抛掉自己身上的一切陈旧的肮脏东西，才能建立社会的新基础”②。因此，马克思非常重视社会实践活动，特别是革命实践活动对人的发展的作用，尤其是对人的全面发展的作用，在马克思看来，无论是从全人类的发展历史来看，还是从人类个体的成长过程来说，人的发展都是与改造自然、改造社会的实践活动联系在一起的。人的全面发展，只能在人们改造自然、改造社会的实践中历史地实现。因此，社会实践能够促进人的全面发展。

三、社会实践是思想政治教育内容实现的重要依托

不同阶级、不同社会以及同一社会的不同历史发展阶段，思想政治教育具有不同的内容。但总的来说，思想政治教育一般都包括政治理论

① 中共中央马克思恩格斯列宁斯大林著作编译局．马克思恩格斯全集：第3卷［M］．北京：人民出版社，1972：234.

② 中共中央马克思恩格斯列宁斯大林著作编译局．马克思恩格斯全集：第3卷［M］．北京：人民出版社，1972：78.

教育、思想道德教育、理想信念教育、爱国主义教育、社会规范教育等内容。

思想政治教育内容的实现离不开思想政治教育实践活动。一般来说，思想政治教育内容的实现是通过教育主体有目的、有计划地向教育对象讲解、宣传教育内容来实现的。教育主体宣传、讲解思想政治教育内容的过程，实际上是一种理论灌输的过程。这个过程主要是教育主体发挥其积极性、能动性的过程，而对于广大的被教育者来说更多的是被动接受的过程，其主动性、积极性并不能很好地得到发挥。教育对象通过这种被动接受的方式学习到的政治理论、思想道德、社会规范等思想政治教育内容对于他们自己来说纯粹是一种从本本上学到的理论知识，并没有经过自己实践的检验。从一定程度上来说，教育内容实现的程度如何，并不是看这些教育内容是否给教育对象灌输完毕，而是看教育对象通过对思想政治教育内容的学习使其自身素质提高的程度，以及他们在社会生活中的实际表现。同时，思想政治教育内容是否适合社会发展的需要，需要通过社会实践来检验。因此，通过理论灌输形式实现的思想政治教育内容离不开教育主体的教育实践活动，其实现程度以及与社会发展相适应的程度也需要在社会实践活动中通过教育对象的社会实践活动来检验。

思想政治教育内容可以通过教育对象参加社会实践的途径来实现。社会实践的内容是丰富的，形式是多样的，不同内容、不同形式的社会实践活动会使实践主体形成不同的认识，能够提高实践主体不同方面的素质。如，从事政治实践活动，可以使实践主体形成一定的政治观点、政治思想等政治认识并能够提高实践主体的政治敏锐性、政治洞察力等政治素质。从事社会交往活动，可以使人获得社会交往的有关知识、提高社会交往的有关能力及社会交往必备的有关素质等。无产阶级参与推翻剥削阶级统治，建立没有压迫、没有剥削、人人平等的共产主义社会的革命斗争实践活动，能够使无产阶级形成自己阶级的世界观、人生观和价值观，能够使无产阶级本身的政治素质、思想素质、道德素质、心理素质等获得全面的提高，并能够通过不断推动人的全面发展实现无产阶级思想政治教育的人的全面发展目标的实现。因此，社会实践主体通过从事一定的社会实践活动，通过亲身观察和体验社会生活，能够形成自己对世界、对人生以及对一些政治现象的理解和认识，能够提高自身不同方面的素质，同时，还能够把自己通过学习得到的有关思想政治教育的理论知识与社会生活的实际相联系，加深自己对这些理论知识的理解，并内化为自身的素质，从而增强实践主体改造自然、改造社会的自觉性。

总之，与通过理论灌输形式实现思想政治教育的内容相比，理论联系实际的社会实践形式能够使思想政治教育变得更为生动、具体和丰富多彩，能够更好地发挥教育对象的主动性、积极性和创造力，能够使教育对象的思想道德素质得到更为有效的提高，从而更为有效地实现思想政治教育的内容。因此，从这种意义上说社会实践是思想政治教育内容实现的重要依托。

第四章

新时代社会实践与思想政治教育的关系

思想政治教育作为阶级和国家产生后人类社会普遍存在的一种教育实践活动，是人类社会实践活动的需要和产物，并随着人类社会实践的发展而不断发展和完善。所以，社会实践决定着思想政治教育的产生和发展。同时，思想政治教育的产生，对人类社会实践也产生着重要影响。因此，社会实践和思想政治教育是相互联系、互为补充的。

一、社会实践是思想政治教育产生和发展的动力

社会实践与思想政治教育的关系，一方面是社会实践对思想政治教育的决定关系。这种决定关系，首先表现为社会实践决定思想政治教育的产生和发展。阶级和国家产生后，统治阶级在维护自己统治的过程中，逐渐认识到对社会成员进行一定的思想观念、政治观点、道德规范以及宗教意识的教育，能够从思想上影响社会成员的行动，达到稳定社会的目的。于是，统治阶级在对社会成员进行文化知识的教育活动中，逐渐有目的、有计划地对本阶级的政治思想、道德规范以及一定的宗教意识加以宣传，思想政治教育就这样在统治阶级维护自己统治的社会实

践中产生了。被统治阶级也在反对甚至推翻统治阶级的革命实践中产生了本阶级的思想政治教育，如无产阶级的思想政治教育就是无产阶级在推翻剥削阶级统治的革命斗争中逐渐形成的。同时，人类思想政治教育会随着社会实践的发展而不断发展和完善。第一，社会实践的发展能够使思想政治教育的理论知识不断得到深化。人们在社会实践活动中会不断产生对客观世界的真理性认识，与此同时旧的认识会随着实践的不断发展而深化，并随着实践活动范围和领域的不断扩大而使自己的认识视野随之不断扩大，得到的有关自然和社会发展的理性认识也会随之增多，人们对思想政治教育活动规律性的认识也会随之不断增多，从而使思想政治教育的理论知识得到不断深化。第二，社会实践的发展能够不断增强人类思想政治教育活动的自觉性。社会实践的发展，能够使人们不断发现和掌握人类改造自然和社会的规律，思想政治教育实践的发展也同样会使思想政治教育工作者不断发现思想政治教育活动的内在规律性，通过不断把握思想政治教育活动的规律性，思想政治教育工作者能够不断从思想政治教育的必然王国向自由王国迈进，从而增强思想政治教育活动的自觉性。第三，社会实践的发展能够给思想政治教育活动的进行不断提供新的工具和手段。人类通过社会实践活动能够不断提高社会生产力的发展水平，随着生产力的不断发展，人类改造自然、改造社会的工具会不断得到更新和改进，新的工具和手段的利用会使人类改造自然、改造社会的能力不断得到提高。人类进行思想政治教育活动所需要的手段和工具也会随着人类社会生产力的不断发展而不断得到更新和改进，从利用一定的场所面对面地进行思想政治教育到现在利用网络技术进行跨越时空的思想政治教育充分说明了这一点。

社会实践对思想政治教育的决定关系，另一方面还表现为它是思想政治教育的有效途径。以思想政治教育为目的的社会实践能够使教育对象广泛参与，并能够改变思想政治教育对象的被动地位、变被动为主动，从而更好地发挥其积极性、主动性，同时，社会实践的主体能够在社会实践中把思想政治教育的理论知识与社会生活实际相联系，并通过社会实践丰富的内容和多样的形式增加思想政治教育的生动性和趣味性。思想政治教育对象在社会实践活动中通过与社会直接接触，能够对社会产生一定的认识，能够使自己已有的认识得到升华、素质得到提高，思想政治教育目标能够通过社会实践得到有效实现，思想政治教育内容能够通过社会实践得到有效实施。因此，社会实践是思想政治教育的有效途径。

二、思想政治教育是社会实践发展的保证和重要内容

社会实践决定思想政治教育，同时，思想政治教育对社会实践也具有能动的反作用。思想政治教育对社会实践的反作用，表现为思想政治教育对社会实践能够起指导作用，并保证社会实践沿着既定的方向发展。

思想政治教育作为一种阶级性和政治性很强的教育实践活动，总是依据一定的思想观念、政治观点和道德规范等内容来进行。思想观念、政治观点和道德规范作为人的意识，指导着人们从事一定的社会实践活动，并希望借此达到预期的目的。历史上，资产阶级用民主、自由、人权等思想号召并指导资产阶级进行推翻封建地主阶级统治、建立资产阶级共和国的政治斗争实践；无产阶级则在马克思主义理论的指导下以建

立没有压迫和没有剥削、人人平等的共产主义社会为目标，开展一系列推翻剥削阶级统治的革命斗争，这说明不同的阶级会以各自不同的思想意识为指导进行自己的革命实践活动，并试图达到本阶级的政治目的。同时，不同的阶级会自觉或不自觉地用本阶级的理想和目标规范和约束本阶级的社会实践活动，如，资产阶级以维护本阶级对无产阶级的压迫和剥削、最大限度地获取剩余价值为目的，从事着不断强化本阶级对无产阶级和其他被剥削阶级的阶级统治以及其他一些体现资产阶级价值追求的社会实践活动，以资产阶级思想意识为指导的资产阶级的社会实践活动，不可能沿着无产阶级和其他被压迫阶级获得解放的方向来进行；无产阶级为了获得自身和全人类的解放，必定会沿着推翻资产阶级的压迫和剥削，建立没有阶级、没有剥削和压迫、人与人平等的共产主义社会的方向进行革命斗争，而不可能拥护剥削阶级的统治。不同阶级思想意识的宣传和传播，离不开本阶级的思想政治教育；不同阶级的社会实践活动，也离不开本阶级思想政治教育的鼓动和引导。因此，不同阶级、不同社会的思想政治教育指导着本阶级、本社会社会实践活动的开展，并保证着社会实践活动沿着一定的方向进行。

社会实践是思想政治教育的有效途径，实践主体通过亲自参与不同的社会实践活动，能够使自己更好地明白一定的道理，并获得一定的经验、形成一定的认识，同时也可以提高自身的一定能力及政治素质、思想素质、道德素质等，这也是思想政治教育所要达到的预期目的和效果。这说明，以一定的思想观念、政治观点和道德规范为指导的社会实践活动同样能够使教育对象受到一定的思想政治教育，同样能够达到思想政治教育的预期目的和效果。由于社会实践能够有效地起到思想政治教育的作用，因此，思想政治教育也往往会成为不同阶级和群体进行社会实践的重要内容。

三、思想政治教育与社会实践既相互联系又互为补充

思想政治教育是人类在改造社会关系的社会实践活动的基础上产生的，它随着人类社会实践的不断发展而经历着不同的属性和形态，并随着社会实践的不断发展而不断改变着自己的内容、形式、工具和手段，因此，社会实践是思想政治教育产生和发展的基础。另一方面，一定阶级和社会群体的思想政治教育也指导着一定的社会实践活动，并保证着社会实践活动沿着一定的方向发展，如无产阶级的思想政治教育把马克思主义改造自然、改造社会的立场、观点和方法通过一定的途径传授给无产阶级，从而使无产阶级改造自然、改造社会的社会实践活动在马克思主义的指导下自觉进行，并沿着无产阶级的最终奋斗目标的方向不断向前发展。由此可以看出，思想政治教育对社会实践具有能动的反作用。因此，思想政治教育和社会实践是相互联系的。

同时，思想政治教育和社会实践还是相互补充的。社会实践对思想政治教育的补充，表现为社会实践活动可以充分发挥思想政治教育对象的主动性、积极性，使他们更好地把理论和实际相联系，通过直接对客观世界的观察和改造，形成一定的思想观念、政治观点和道德认识，加深对思想政治教育理论知识的理解和掌握，提高自身的政治素质、道德素质、身体素质等各个方面的素质，从而实现思想政治教育的目标，达到思想政治教育的目的。同时，社会实践的不断发展，会不断深化人们的思想认识，使人们不断获得更多的知识，这些知识当然也会包括思想

政治教育知识，从而不断补充和丰富着思想政治教育的内容。思想政治教育对社会实践的补充，表现在思想政治教育可以使教育对象掌握一定的思想观念、政治观点和道德规范等思想意识，实践主体用这些思想意识指导一定的社会实践活动可以使社会实践活动沿着一定的方向发展，并使社会实践活动达到预期的目的和效果。

由于思想政治教育和社会实践之间存在着这种相互联系、互为补充的关系，因此，在进行思想政治教育的过程中，我们应该重视社会实践的作用，通过社会实践来实现我们的思想政治教育目标和预期目的同时，也应该重视用思想政治教育的理论知识指导我们的实践，以保证社会实践活动能够沿着我们所希望的正确方向发展，并保证其达到我们预期的目的和效果，实现我们的预期目标。

第五章

社会实践与思想政治教育有效结合的途径

社会实践是思想政治教育产生的基础，是思想政治教育发展的动力，是检验思想政治教育是否适合社会发展的标准，是思想政治教育的有效途径，加强社会实践有利于思想政治教育工作实效性的提高。因此，在思想政治教育中我们应该重视社会实践的作用，积极利用和通过社会实践的途径和形式达到思想政治教育的目的。新时代社会实践与思想政治教育的有效结合，可以通过以下四个途径。

一、高度重视通过社会实践加强思想政治教育工作

思想政治教育的开展，既可以通过理论灌输的形式，也可以通过社会实践的形式。理论灌输的形式虽然可以使教育对象系统地掌握思想政治教育的理论知识，但理论灌输内容枯燥，容易脱离实际，并且不能够很好地发挥教育对象的主动性和积极性。目前我国高校思想政治教育存在的理论脱离实际，针对性、吸引力、说服力、感染力不强，效果不理想等问题，说明了灌输式思想政治教育需要注意理论联系实际。社会实践的形式虽然不能够使教育对象系统地接受思想政治教育的理论知识，

但能够使教育对象变被动为主动，充分发挥积极性和主动性。思想政治教育通过借助多样化的社会实践形式，可以变得更为生动和直观；通过实践主体对社会生活的直接参与和亲身体验，能够使教育对象对社会形成一定的思想认识和道德认识，能够提高教育对象的政治素质和道德素质，能够使实践主体形成一定的社会责任感和历史使命感，能够有效地实现思想政治教育的目标、达到思想政治教育的目的。从这种意义上说，社会实践是思想政治教育的有效途径。但也并不是说只要参加社会实践就能够使教育对象的思想政治素质得到提高，并自发达到思想政治教育的目的。不以一定思想观念为指导的社会实践活动只能使实践者从中得到有关社会实践内容的规律性认识，但并不能提高他们自身的理论素养和政治素质。因此，要想通过社会实践活动达到思想政治教育的目的，就需要对社会实践进行理论指导，使社会实践和思想政治教育有机地结合起来。

社会实践作为思想政治教育的有效途径，只有以一定的思想政治教育理论为指导，才能够实现一定的思想政治教育目标。因此，我们应该高度重视对社会实践进行理论指导，并在社会实践中加强思想政治教育工作。在社会实践中加强思想政治教育工作，能够有效解决现阶段我国思想政治教育存在的理论脱离实际，形式单一，吸引力、说服力、感染力、实效性不强，覆盖面不广等问题。为了增强思想政治教育的实效性，我们应该用马克思主义理论指导社会实践活动，把马克思主义理论及观察和改造客观世界的有力武器——马克思主义的立场、观点和方法传授给教育对象，使他们在实践活动中自觉对马克思主义理论及其立场、观点和方法直接加以运用，在社会实践的基础上使实践主体把马克思主义理论内化为其思想观念的一部分，增强其运用马克思主义立场、观点和方法观察、改造自然和社会的自觉性，提高其思想政治素质和政治觉悟，使思想政治教育对象自觉为社会的中心工作和社会发展的终极目标而奋斗，有效实现思想政治教育的目标。

二、注重将实践作为检验思想政治教育工作效果的标准

马克思主义认为，实践是检验真理的唯一标准，这种检验是通过实践活动检验真理性认识与客观实际是否相符以及相符的程度来实现的。思想政治教育理论的正确与否也只能通过社会实践并在社会实践活动中进行检验。如果实践证明一种思想政治教育理论与社会的实际发展需要及客观实际相符，与社会的发展方向相一致，那么它就是正确的。如果与社会的发展需要及客观实际不符合，与社会的发展方向不一致，那么就证明该思想政治教育理论是错误的。实践证明，马克思主义理论代表广大被压迫人民和被压迫阶级的根本利益，揭示了人类社会发展的历史规律，顺应历史的发展潮流和趋势，正确预见和把握了人类社会历史发展的规律，并且与人类社会向民主、平等、没有阶级压迫和剥削的社会发展方向相一致，因而是正确的，这也决定了以马克思主义理论为指导并以马克思主义的世界观、人生观、价值观、政治观和道德观为内容的思想政治教育是正确的。

思想政治教育工作的效果也需要通过社会实践来检验。思想政治教育的对象是人，其效果的好与差需要通过思想政治教育对象自身素质是否得到提高以及提高的程度来体现。思想政治教育对象自身素质是否提高及其提高的程度，不能看他掌握了多少思想政治教育知识，而是要看

他在社会生活中的实际言行表现，这说明思想政治教育工作效果离不开社会实践的检验。如果教育对象接受思想政治教育后，在社会实践中表现出了较高的思想政治素质，达到了思想政治教育的目标要求，那么就说明思想政治教育达到了预期的效果。教育对象在接受思想政治教育后自身素质提高得越高，在社会生活中运用马克思主义的立场、观点和方法的自觉性越强，就说明思想政治教育的效果越明显。反之，则说明思想政治教育没有达到预期的效果，或效果不明显。

在思想政治教育活动中，我们应该注重社会实践的检验作用，通过教育对象接受思想政治教育后在社会实践中的表现，判断思想政治教育工作的效果，总结思想政治教育工作的经验或教训，进而根据不同的思想政治教育工作效果强化或调整思想政治教育的内容、形式、方法等，使思想政治教育工作在教育目标的指引下不断得到发展、完善和创新，通过有效提高教育对象的理论修养、思想政治素质、思想政治觉悟、建设社会主义的能力和为共产主义奋斗的自觉性，实现思想政治教育的预期目的和效果。

三、积极为青年一代提供参与社会实践的条件和机会

青年是祖国的希望和未来，是国家未来社会主义事业的建设者和接班人，是民族振兴的重要力量。因此，我们的社会主义教育应该为青年的成长、成才创造良好条件。作为我国教育组成部分的思想政治教育，也同样应该为青年的成长、成才创造条件，为青年素质的提高和全面发展服务。

青年时期是人的世界观、人生观和价值观形成的关键时期，是人的

社会化任务完成的关键阶段。思想政治教育作为系统地对教育对象进行世界观、人生观、价值观的教育，对人的社会化任务的完成和实现起着非常重要的作用。尤其是人的政治社会化必须要通过参与社会政治实践活动来实现，人们只有通过社会政治生活和政治实践活动，才能够逐步获得相关的政治知识并提高相应的政治能力，形成或改变自己的政治心理、政治思想和政治立场。因此，对于青年一代，我们既要重视对他们进行系统的思想政治教育，重视用马克思主义思想武装他们的头脑，使他们学会自觉运用马克思主义的立场、观点和方法去认识世界和改造世界，同时使他们通过思想政治教育坚定正确的理想和信念，自觉为共产主义的实现而奋斗。同时，也要重视社会实践在提高实践主体自身素质和促进人的全面发展中的作用，积极为青年一代提供参与社会实践的条件和机会，让他们通过亲身参与社会实践活动，培养服务意识和献身精神，增强社会责任感和历史使命感，促进自身体力和智力全面发展，提高自身思想道德素质和政治觉悟，坚定无产阶级政治立场，为无产阶级最终奋斗目标的实现而奋斗。积极为青年一代提供参与社会实践的条件和机会，需要从以下几方面着手。

第一，给予政策支持。国家要制定有关青年参加社会实践活动的专门政策，这些政策应明确国家、学校单位、家庭、实践主体、实践基地等各方的责任和义务，从政策上积极支持和引导青年一代通过社会实践活动提高自身思想道德修养和思想政治素质及政治觉悟。同时，学校和单位也要制定相应的政策来支持青年走入社会参加社会实践活动，激励更多的人通过社会实践活动实现思想政治教育的目的。

第二，进行物质投入。参加社会实践需要凭借一定的实践工具和实践手段，需要有相应的实践基地，这些都需要有相应的经费来保证。为了使社会实践活动顺利进行，国家、学校、单位和实践基地就需要设立专门的实践活动经费，否则，社会实践活动将落不到实处，积极为青年一代提供参与社会实践的条件和机会将会成为一句空话。

第三，对青年参加社会实践进行鼓励和引导。国家、社会要从舆论上对青年参加社会实践活动进行鼓励和引导，家庭、学校和单位也要鼓励、引导和支持青年一代积极参加社会实践。对于在社会实践活动中表现积极、效果明显、成绩突出的个人或群体，国家、学校和单位要给予物质和精神鼓励，在鼓励时要坚持精神鼓励为主的原则，但也要有相应的物质奖励，同时要对先进事迹进行及时宣传和报道，对青年一代参加社会实践活动进行正确引导，以达到预期的目的和效果。

第四，给青年一代提供参与社会实践活动的机会。要充分相信青年人的聪明和智慧，对于青年人参加社会实践活动，国家、社会、学校和单位不要顾虑太多，更不要加以限制，而要给予积极的引导和支持。同时，对于能够达到思想政治教育目的和效果的社会实践活动，教育主体要精心组织，大力支持，并给以正确指导，给青年提供参与的机会和条件，使他们通过参与社会实践活动提高自身的思想政治素质，从而达到思想政治教育的目的。

四、在实践中不断探索加强和改进思想政治教育的新途径

人类的思想政治教育实践活动，是在社会实践的基础上产生并随着社会实践的发展而不断发展的，至今已经历了奴隶社会的思想政治教育、封建社会的思想政治教育、资本主义社会的思想政治教育和社会主

义社会的思想政治教育几种形态。由于思想政治教育具有鲜明的阶级性，并且一定社会的思想政治教育是该社会占统治地位的阶级的思想政治教育，因此，与依次更替的思想政治教育形态相对应，思想政治教育的性质依次为奴隶主阶级的思想政治教育、地主阶级的思想政治教育、资产阶级的思想政治教育和无产阶级的思想政治教育。这些依次更替的思想政治教育形态是人类在社会实践不断发展的基础上依次出现的，是由低级到高级不断发展的。高级的思想政治教育形态是对前一种或几种低级思想政治教育形态的扬弃，这种扬弃，不仅是教育内容、教育目标、教育方法的扬弃，同时也是教育途径的扬弃，如代表广大劳动人民根本利益的无产阶级的思想政治教育是对前几种剥削阶级思想政治教育教育内容、教育目标的根本否定，但同时也吸收了一些他们的有益做法。与前几种剥削阶级的思想政治教育相比，无产阶级思想政治教育在注重理论灌输的同时，非常注重社会实践对思想政治教育的作用。通过社会实践的途径达到思想政治教育的效果和目的，是无产阶级在政治斗争以及思想政治教育实践活动中总结出来的经验，这种经验拓展了思想政治教育的途径和方式。通过社会实践的途径达到思想政治教育的目的和效果，能够增强思想政治教育的吸引力、感染力和说服力，能够使人们在实践活动中既得到锻炼，又接受思想政治教育，同时还能够提高人的思想政治素质，坚定人的政治立场，增强人们在马克思主义指导下改造世界的自觉性，促进人的全面发展，这也正是我们思想政治教育的目标。

社会实践作为思想政治教育的有效途径，它的内容是丰富的，形式是多样的，不同内容的社会实践活动以及不同形式的社会实践活动会使人对客观世界产生不同的认识以及改造客观世界的不同经验。思想政治教育实践活动同样能够使人不断产生关于思想政治教育活动的认识，并能够使人不断发现思想政治教育实践活动的规律，产生改善和提高思想政治教育效果的新做法和新经验，探索出达到思想政治教育效果和目标的更为有效的途径。为了不断增强思想政治教育的针对性、实效性、吸引力、感染力和说服力，提高思想政治教育的实效性，我们需要在社会实践活动中不断总结新经验、新做法，不断探索加强和改进思想政治教育的新途径。这是思想政治教育不断发展的需要，也是实现思想政治教育目标的需要，更是思想政治教育主体所承担的任务。

社会实践是思想政治教育的有效途径，是进一步加强和改进我国新时代思想政治教育工作的有效依托。加强社会实践，能够使思想政治教育的针对性和实效性不断增强，使其吸引力、感染力和说服力不断提高，能够有效实现新时代我国思想政治教育的目标。因此，我们需要在社会实践中不断研究和探索社会实践与思想政治教育有效结合的途径，以更好地推动新时代我国的思想政治教育工作，为全面建成小康社会和实现社会主义现代化建设目标创造条件，提供保证。

参考文献

一、著作类

1. 中共中央马克思恩格斯列宁斯大林著作编译局．马克思恩格斯全集：第 19 卷［M］．北京：人民出版社，1963.

2. 中共中央马克思恩格斯列宁斯大林著作编译局．马克思恩格斯全集：第 3、4、23 卷［M］．北京：人民出版社，1972.

3. 中共中央马克思恩格斯列宁斯大林著作编译局．马克思恩格斯全集：第 42 卷［M］．北京：人民出版社，1979.

4. 中共中央马克思恩格斯列宁斯大林著作编译局．马克思恩格斯全集：第 46 卷［M］．北京：人民出版社，1980.

5. 中共中央马克思恩格斯列宁斯大林著作编译局．马克思恩格斯选集：第 1—4 卷［M］．北京：人民出版社，1995.

6. 中共中央马克思恩格斯列宁斯大林著作编译局．列宁全集：第 2、13、55 卷［M］．北京：人民出版社，1990.

7. 中共中央马克思恩格斯列宁斯大林著作编译局．列宁选集：第

1—4 卷［M］．北京：人民出版社，1960.

8. 北京师范大学教育系，中国人民解放军第一二〇一工厂工人理论组．马克思恩格斯列宁斯大林论教育［M］．北京：人民教育出版社，1977.

9. 毛泽东．毛泽东选集：第 1—4 卷［M］．北京：人民出版社，1991.

10. 赵光武．辩证唯物主义原理［M］．北京：北京大学出版社，1989.

11. 张海源．从动物行为到人类实践［M］．北京：社会科学文献出版社，1996.

12. 王永昌．实践活动论［M］．北京：中国人民大学出版社，1992.

13. 王瑞荪．比较思想政治教育学原理［M］．北京：高等教育出版社，2001.

14. 佘双好．大学生思想道德修养导论［M］．武汉：武汉大学出版社，1999.

15. 贺军．加强和改进思想政治工作若干问题［M］．北京：中央文献出版社，2003.

16. 童彭庆，郁景祖，邱柏生．思想政治教育学词典［M］．兰州：兰州大学出版社，1990.

17. 王学俭．法律基础［M］．北京：中共中央党校出版社，2002.

18. 靳诺，郑永廷，张澎军，等．新时期高校思想政治工作理论与实践［M］．北京：高等教育出版社，2003.

19. 刘德华. 马克思主义思想政治教育著作导读［M］. 北京：高等教育出版社，2001.

20. 教育部社会科学研究与思想政治工作司. 高校思想政治理论课实践教学的探索与思考［M］. 北京：高等教育出版社，2005.

21. 戴艳军. 思想政治教育案例分析［M］. 北京：高等教育出版社，2001.

22. 石云霞. "两课"教学法研究：第二版［M］. 武汉：武汉大学出版社，2003.

23. 庄福龄. 简明马克思主义史［M］. 北京：人民出版社，2001.

24. 石云霞. 马克思主义基本原理专题研究［M］. 北京：高等教育出版社，2012.

25. 巴克拉捷. 近代德国资产阶级哲学史纲要［M］. 涂纪亮，等译. 北京：中国社会科学出版社，1980.

26. 英格尔斯. 人的现代化［M］. 殷陆君，译. 成都：四川人民出版社，1985.

27. 韩庆祥. 马克思主义人学思想发微［M］. 北京：中国社会科学出版社，1992.

28. 陆庆壬. 人的发展和社会发展——思想政治教育学基础理论研究［M］. 上海：同济大学出版社，1994.

29. 李秀林，王于，李淮春. 辩证唯物主义和历史唯物主义原理［M］. 北京：中国人民大学出版社，1995.

30. 李连科. 价值哲学引论［M］. 北京：商务印书馆，1999.

31. 邱伟光，张耀灿. 思想政治教育学原理［M］. 北京：高等教育出版社，1999.

32. 张耀灿．中国共产党思想政治教育工作史论［M］．北京：高等教育出版社，1999.

33. 郑永廷．思想政治教育方法论［M］．北京：高等教育出版社，1999.

34. 陈立思．当代世界的思想政治教育［M］．北京：中国人民大学出版社，1999.

35. 中共中央宣传部．毛泽东邓小平江泽民论思想政治工作［M］．北京：学习出版社，2000.

36. 张耀灿，陈万柏．思想政治教育学原理［M］．北京：高等教育出版社，2001.

37. 陈秉公．思想政治教育学原理［M］．沈阳：辽宁人民出版社，2000.

38. 贺军．加强和改进思想政治工作若干问题［M］．北京：中央文献出版社，2000.

39. 张耀灿，郑永廷，刘书林，等．现代思想政治教育学［M］．北京：人民出版社，2001.

40. 赵渭荣．转型期的中国政治社会化研究［M］．上海：复旦大学出版社，2001.

41. 沈壮海．思想政治教育有效性研究［M］．武汉：武汉大学出版社，2001.

42. 江泽民．全面建设小康社会开创中国特色社会主义事业新局面——在中国共产党第十六次全国代表大会上的报告［M］．北京：人民出版社，2002.

43. 王敏．思想政治教育接受论［M］．武汉：湖北人民出版社，2002.

44. 张澍军．德育哲学引论［M］．北京：人民出版社，2002.

45. 唐志龙，罗剑明．思想政治工作价值论［M］．北京：蓝天出版社，2003.

46. 王玄武，等．比较德育学［M］．武汉：武汉大学出版社，2003.

47. 张耀灿，徐志远．现代思想政治教育学科论［M］．武汉：湖北人民出版社，2003.

48. 霍尔，戴维斯．道德教育的理论与实践［M］．陆有铨，魏贤超，译．杭州：浙江教育出版社，2003.

49. 孟伟，张岩鸿，王连喜．转型期思想政治工作问题研究［M］．北京：人民出版社，2004.

50. 祖嘉合．思想政治教育方法教程［M］．北京：北京大学出版社，2004.

51. 王立仁．德育价值论［M］．北京：中国社会科学出版社，2004.

52. 陈志尚．人的自由全面发展论［M］．北京：中国人民大学出版社，2004.

53. 张治库．人的存在与发展［M］．北京：中央编译出版社，2005.

54. 王学俭，张新平．政治学原理新编［M］．兰州：兰州大学出版社，2006.

55. 季明．核心价值观概论［M］．北京：人民日报出版社，2013.

56. 白显良．隐性思想政治教育基本理论研究［M］．北京：人民出版社，2013.

57. 王景云．文化安全视域下思想政治教育文化载体建设研究［M］．北京：人民出版社，2014.

58. 宋振超．信息化视阈下高校思想政治教育有效性研究［M］．北京：中国书籍出版社，2015.

59. 方鸿志．思想政治教育视域下大学生挫折教育研究［M］．北京：中国社会科学出版社，2015.

60. 严蔚刚．思想政治教育中道德矢量问题研究［M］．北京：人民出版社，2015.

61. 李春华，等．思想政治教育若干重大问题研究［M］．北京：中国社会科学出版社，2015.

62. 刘建军．寻找思想政治教育的独特视角［M］．北京：中国人民大学出版社，2016.

63. 胡虹霞．困境与超越——思想政治教育与当代大学生精神成人研究［M］．北京：中国社会科学出版社，2016.

64. 曾光顺．中国梦融入大学生思想政治教育的模式研究［M］．北京：光明日报出版社，2016.

65. 沈壮海．思想政治教育发展报告 2014/2015［M］．北京：高等教育出版社，2016.

66. 马绍孟．马克思主义中国化与思想政治教育专题研究［M］．北京：中国人民大学出版社，2017.

67. 刘韧．思想政治教育在大学文化建设中的使命与作为［M］．北京：社会科学文献出版社，2017.

68. 闵绪国．思想政治教育价值研究［M］．北京：人民出版社，2017.

69. 马云霞．“互联网＋”时代高校思想政治教育研究［M］．北京：人民日报出版社，2017.

70. 周之良．思想政治教育探微［M］．北京：中国人民大学出版社，2017.

71. 许建宝．“微时代”背景下的高校思想政治教育［M］．长春：东北师范大学出版社，2017.

72. 刘振环．思想政治理论课教育途径与方式创新［M］．北京：社会科学文献出版社，2017.

73. 赵正文．社会主义核心价值观融入大学生思想政治教育的创新机制研究［M］．北京：清华大学出版社，2018.

74. 黄瑞雄．科学教育与人文教育相融合的思想政治教育及其方法创新研究［M］．北京：人民出版社，2018.

75. 谢梅成，夏聘庭．铸魂：大学生思想政治教育的理论与实践［M］．北京：光明日报出版社，2018.

76. 董晓蕾．大学生思想政治教育方法的理论与实践研究［M］．北京：北京师范大学出版社，2018.

77. 袁芳．思想政治教育话语创新论的马克思主义审视［M］．北京：中央编译出版社，2018.

78. 张亚丹．大学生思想政治教育价值论［M］．北京：人民出版社，2018.

79. 邓纯余．思想政治教育超越论［M］．北京：中国社会科学出版社，2018.

80. 程样国，胡剑锋．大学生思想政治理论教育经典导读［M］．北京：社会科学文献出版社，2018.

81. 董娅．中国共产党加强和改进大学生思想政治教育研究［M］．北京：人民出版社，2018.

82. 霍洪波．高校思想政治教育中传统文化融入问题研究［M］．北京：中国社会科学出版社，2019.

83. 黄小华．思想政治教育价值实现论［M］．北京：光明日报出版社，2019.

84. 吴艳东．思想政治教育导向论［M］．北京：人民出版社，2018.

85. 胡飒，奚冬梅．高校思想政治教育教学与实践研究［M］．北京：光明日报出版社，2018.

86. 李维昌，等．现代思想政治教育学理论基础探微［M］．北京：中国社会科学出版社，2019.

87. 章忠民，魏华著．新时代思想政治教育论要［M］．北京：人民出版社，2019.

88. 王习胜．思想政治教育人文关怀的理论与方法研究［M］．北京：人民出版社，2019.

89. 李忠红，王贺．思想政治教育探究［M］．北京：社会科学文献出版社，2019.

90. 吴少华. 新时代高校思想政治教育面临的问题及解决路径探析[M]. 北京：经济管理出版社，2019.

91. 杨海军. 思想政治教育情感载体研究[M]. 北京：人民出版社，2019.

92. 李婉芝. 高校青年教师思想政治教育研究[M]. 北京：中国社会科学出版社，2019.

93. 代黎明. 高校思想政治教育实效性研究[M]. 北京：北京理工大学出版社，2019.

94. 韩振峰. 思想政治教育热点问题研究新进展[M]. 北京：北京交通大学出版社，2019.

95. 粟国康. 思想政治教育功能研究[M]. 北京：中国社会科学出版社，2019.

96. 李德顺. 价值论[M]. 北京：中国人民大学出版社，1987.

97. 张同善. 马克思主义关于人的学说与教育[M]. 北京：教育科学出版社，1992.

二、论文类

1. 李德顺. 学习和应用价值理论——价值论与思想政治工作漫谈[J]. 思想政治工作研究，1989（1）.

2. 孙喜亭. 人的价值·教育价值·德育价值[J]. 教育研究，1989（5）.

3. 陈晏清. 重建新世纪的价值观[N]. 中国教育报，2000-10-11.

4. 张国启. 浅谈高校思想政治教育的价值[J]. 黑龙江高教研究，

2000（5）.

5. 黄钊. 探索思想政治教育理论与方法的新成果［N］. 中国教育报，2001－08－02.

6. 刘建军. 论思想政治教育的个人价值［J］. 教学与研究，2000（8）.

7. 褚凤英. 论思想政治教育对个体的意义［J］. 理论前沿，2001（10）.

8. 江泽民. 在庆祝北京师范大学一百周年大会上的讲话［N］. 人民日报，2002－09－09.

9. 何晓红. 人与社会发展辩证关系的教育学思考［J］. 中国青年政治学院学报，2002（6）.

10. 项久雨. 思想政治教育价值论及其相关研究的现状视域［J］. 中国青年政治学院学报，2002（7）.

11. 项久雨. 思想政治教育与人的价值［J］. 教学与研究，2002（12）.

12. 王勤. 论思想政治教育的个体价值［J］. 浙江学刊，2003（1）.

13. 赖荣珍. 论思想政治教育社会价值和个体价值的统一［J］. 学术论坛，2003（3）.

14. 项久雨. 思想政治教育价值论域及其研究意义［J］. 学校党建与思想教育，2003（7）.

15. 苏斌. 近年来思想政治教育价值问题研究综述［J］. 教学与研究，2003（11）.

16. 胡锦涛．在全国宣传思想工作会议上的讲话［N］．人民日报，2003－12－08.

17. 杜培栋．个体价值定位：思想政治教育的切入点［J］．南京政治学院学报，2000（1）．

18. 杜庆华．论合理突出思政教育的个人价值［J］．思想教育研究，2004（2）．

19. 刘海春．论思想政治教育的人本回归［J］．思想教育研究，2004（4）．

20. 万朝晖．高校思想政治教育创新探析［J］．探索，2004（4）．

21. 初文杰．论思想政治教育的价值定位与人的全面发展［J］．内蒙古社会科学，2004（4）．

22. 骆郁廷，王若飞．也谈思想政治教育要以人为本［J］．武汉大学学报（人文社科版），2004（6）．

23. 王东莉．论思想政治教育人文关怀价值建构的现实背景［J］．浙江社会科学，2004（6）．

24. 郭毅然．马克思主义人性论的思想政治教育价值［J］．思想教育研究，2004（8）．

25. 王东莉．思想政治教育人文关怀的内容体系建构［J］．教学与研究，2005（2）．

26. 杨正德．高校思想政治教育创新研究［J］．思想政治教育研究，2005（2）．

27. 郑邦山．以人为本：高校思想政治教育的新理念［J］．郑州大学学报（哲学社会科学版），2005（4）．

28. 王颖. 主体性视野中的现代思想政治教育及其发展 [J]. 思想教育研究, 2005 (6).

29. 焦成举. 思想政治教育价值的哲学分析 [J]. 黑龙江高教研究, 2005 (7).

30. 沈晓梅. 论思想政治教育个体价值的回归 [J]. 黑龙江高教研究, 2005 (10).

31. 邵广侠, 王玉华. 以人为本: 思想政治教育的永恒追求 [J]. 教育探索, 2005 (12).

32. 鲁洁. 边缘化　外在化　知识化——道德教育的现代综合症 [J]. 教育研究, 2005 (12).

33. 李晓兰, 杨琳. 以人为本对高校德育工作的启示 [J]. 黑龙江高教研究, 2006 (1).

34. 钟万林. 论新时期高校思想政治教育者素质的培养 [J]. 高教论坛, 2006 (2).

35. 骆郁廷. 论思想政治教育的发展价值 [J]. 思想教育研究, 2006 (5).

36. 张治库. 和谐社会建设过程中思想政治教育的价值及其实现 [J]. 当代教育论坛, 2006 (11).

37. 陈世卿. 创新是高校思想政治教育的关键 [J]. 辽宁行政学院学报, 2007 (2).

38. 刘先进, 曹晓红. 思想政治教育价值实现论 [J]. 黑龙江高教研究, 2007 (2).

39. 刘东康. 论高校思想政治教育价值的错位与回归 [J]. 理论与

改革，2007（2）.

40. 刘坤雁．思想政治教育价值意蕴的多重解读［J］．黑龙江高教研究，2007（4）.

41. 石书臣．论思想政治教育个体价值的新发展［J］．教学与研究，2007（6）.

42. 田霞，李然．简论思想政治教育价值生成的根源［J］．中国青年政治学院学报，2007（6）.

43. 邹绍清，罗洪铁．思想政治教育价值研究的理论探源［J］．思想理论教育，2008（7）.

44. 钟明．和谐社会视阈下高校思想政治教育价值与实现途径［J］．湖南社会科学，2009（3）.

45. 田学军．个体独立性在东西方文化中的对比研究［J］．曲靖学院学报，2009（5）.

46. 徐曼，王艳红．思想政治教育价值实现过程分析［J］．广西社会科学，2009（5）.

47. 张明秀．高校思想政治教育价值诉求转变与人文精神构建［J］．社会科学家，2009（5）.

48. 张明秀，吴世彬．从工具化到人本化：高校思想政治教育价值诉求的转变［J］．学校党建与思想教育，2009（7）.

49. 王贤卿，赵盛润．论思想政治教育价值实现的障碍及其克服路径［J］．毛泽东邓小平理论研究，2009（8）.

50. 雷虹，赵泽江．思想政治教育价值的现实审视［J］．学校党建与思想教育，2009（24）.

51. 郝文军．谈大学生思想政治教育价值实现的路径［J］．教育探索，2010（8）．

52. 王淑芹．思想政治教育价值基本问题研究［J］．思想教育研究，2010（11）．

53. 张艳，张果，崔健．建国以来高校思想政治教育价值取向的历史转变［J］．学校党建与思想教育，2010（22）．

54. 徐曼．思想政治教育价值实现评价探析［J］．黑龙江高教研究，2010（3）．

55. 张佳亮，张桦楠．思想政治教育价值的释义［J］．学校党建与思想教育，2010（7）．

56. 王雄杰，胡颖．论个体价值观的培育途径和原则［J］．学校党建与思想教育，2011（1）．

57. 张亚丹．浅析大学生思想政治教育价值实现的层次和规律[J]．思想教育研究，2011（3）．

58. 黄小华．思想政治教育价值实现理论述评［J］．探索，2011（3）．

59. 李月玲，王秀阁．思想政治教育价值新解［J］．长白学刊，2011（5）．

60. 闵绪国，罗洪铁．深化思想政治教育价值研究的思考［J］．思想教育研究，2011（5）．

61. 黄伟先．真善美统一：思想政治教育价值实现规律［J］．学术论坛，2011（8）．

62. 张能云，武晓磊，吴平芳．论思想政治教育价值实现的条件

[J]. 教学与管理, 2011 (15).

63. 李月玲. 思想政治教育价值再释义 [J]. 理论月刊, 2012 (1).

64. 闵绪国. 思想政治教育价值实现的内涵与实质 [J]. 思想教育研究, 2012 (7).

65. 杨建义. 思想政治教育价值视野下的实效性问题探究 [J]. 思想教育研究, 2012 (8).

66. 胡沫. 思想政治教育价值的主体性审视 [J]. 思想教育研究, 2012 (10).

67. 赵环秀. 思想政治教育价值论新探 [J]. 求实, 2012 (11).

68. 褚凤英. 思想政治教育价值再认识 [J]. 探索, 2013 (3).

69. 曾长秋, 银红玉. 马克思主义需要理论视域下的思想政治教育价值探究 [J]. 思想教育研究, 2013 (5).

70. 张亚丹, 黄永宜. 从满足到超越: 思想政治教育价值的内涵浅析 [J]. 求实, 2013 (6).

71. 刘丰林. 论主客关系下思想政治教育价值的实现 [J]. 湖北社会科学, 2013 (12).

72. 赵雯. 中美思想政治教育价值比较分析 [J]. 中学政治教学参考, 2013 (30).

73. 叶燊. 新媒体时代大学生思想政治教育价值理念创新研究 [J]. 伦理学研究, 2014 (1).

74. 黄小华, 胡菊环境芬. 思想政治教育价值实现优化论 [J]. 探索, 2014 (1).

75. 罗洪铁，王丽．三十年来思想政治教育价值理论的形成与发展研究［J］．西南大学学报（社会科学版），2014（2）．

76. 李合亮．关于思想政治教育价值认识的哲学审视［J］．教学与研究，2014（3）．

77. 杨建义．个体价值：思想政治教育价值的基本向度［J］．思想教育研究，2014（3）．

78. 李月玲，王秀阁．科学实践观视阈下思想政治教育价值实现的原则［J］．广西社会科学，2014（4）．

79. 李辉．思想政治教育价值与功能研究进展［J］．思想教育研究，2014（6）．

80. 侯桂华．高校思想政治教育价值取向的转变、反思与重构［J］．现代教育管理，2014（11）．

81. 赖雄麟，邵晓军．马克思主义历史观视角下的思想政治教育个体价值之维［J］．学校党建与思想教育，2014（17）．

82. 王婷，邓谨．马克思主义人性论视域下的思想政治教育价值探究［J］．中学政治教学参考，2014（30）．

83. 王海建．思想政治教育价值之诠释［J］．广西社会科学，2015（1）．

84. 郝连儒，李桂荣．大学文化的思想政治教育价值及实现路径研究［J］．思想理论教育导刊，2015（3）．

85. 周琪．思想政治教育价值在现代社会中的二重维度和实现方式［J］．思想理论教育，2015（8）．

86. 钱美玲，丁三青．思想政治教育价值论的逻辑起点再认识［J］．

学校党建与思想教育，2016（1）.

87. 彭冰冰．“红船精神”的思想政治教育价值探析［J］．思想教育研究，2016（7）.

88. 卢迪．探索新时代下思想政治教育价值——评《思想政治教育价值论》［J］．中国教育学刊，2016（8）.

89. 王丽，罗洪铁．思想政治教育价值结构及功能研究［J］．马克思主义理论学科研究，2017（3）.

90. 张苗苗．思想政治教育价值及相关概念辨析［J］．学校党建与思想教育，2017（3）.

91. 闵绪国．论思想政治教育价值实现的规律［J］．思想教育研究，2017（4）.

92. 王丽．思想政治教育价值结构失衡及对策探讨［J］．湖北社会科学，2017（7）.

93. 闵绪国．思想政治教育价值形成过程的基本矛盾与具体矛盾［J］．教学与研究，2017（8）.

94. 褚凤英．思想政治教育价值研究的理论演进与人本价值研究之展望［J］．学校党建与思想教育，2017（9）.

95. 苏冰星．思想政治教育价值取向的特征、问题及其矫正［J］．教学与管理，2017（21）.

96. 田雪飞．改革开放40年思想政治教育价值论研究［J］．思想教育研究，2018（10）.

97. 陈秉公．学习习近平关于教育的重要论述 探索高校立德树人创新体系［J］．思想教育研究，2018（10）.

98. 张艳国，凌日飞．论新时代高校思想政治教育铸魂育人的理论意蕴与实践路径——学习习近平关于高校思想政治教育的重要论述［J］．社会主义研究，2019（4）．

99. 董雅华．思想政治教育的意识形态功能及其边界［J］．思想理论教育，2019（9）．

100. 王振雷．论高校课程思政改革的三维进路［J］．思想理论教育，2019（10）．

101. 邱安琪，鲁杰．思想政治教育在新时代的创新发展［J］．黑龙江高教研究，2019（10）．

102. 王学俭．社会实践是大学生思想政治教育的重要环节［J］．高校理论战线，2005（5）．

103. 从卫兵，王晓斌．社会实践在大学生思想政治教育中的地位和作用［J］．南通师专学报，1995（3）．

104. 何立新，崔国华．试论大学生社会实践活动在高校思想政治教育中的地位和作用［J］．华北水利水电学院学报（社科版），2001（4）．

105. 程浩，于建春．论社会实践活动与大学生思想政治教育的关系［J］．求实，2005（2）．

106. 刘义论．社会实践活动的德育功能［J］．西北师大学报（社会科学版），1996（3）．

107. 文元军．高校思想政治工作新途径探索——浅谈社会实践的德育功能［J］．教育论坛，2001（4）．

108. 李文喜，李光红．大学生社会实践活动德育功能的探析［J］．

青少年研究，2003（4）.

109. 王俊生．社会实践是“两课”教学的重要环节［J］．安阳师范学院学报，2004（3）.

110. 何尚文．关于思想道德修养课社会实践的几点思考［J］．福建师范大学福清分校学报，2004（1）.

111. 王荣党．大学生社会实践的理论渊源［J］．学术探索，2000（3）.

112. 马奇柯．试论大学生社会实践的重要理论依据［J］．湖北社会科学，2003（4）.

113. 李岩．大学生社会实践的哲学基础［J］．中国青年政治学院学报，2004（4）.

114. 刘越，高志文，孔琳．重视“两课”教学中的社会实践环节［J］．思想理论教育导刊，2000（2）.

115. 郑超欣．论高校“两课”教育接受机制中社会实践的作用［J］．河北建筑科技学院学报，2001（4）.

116. 詹全友．“两课”社会实践与大学生素质教育［J］．中南民族大学学报（人文社会科学版），2003（5）.

117. 邵敏灵．建立“两课”社会实践机制拓展“两课”教学路经［J］．思想理论教育导刊，2004（2）.

118. 贺文佳．略论社会实践活动在大学生思想政治教育中的积极意义［J］．西南民族学院学报（哲学社会科学版），1999（6）.

119. 贺雪梅．社会实践与高校思想政治工作［J］．四川师范学院学报（哲学社会科学版），2001（6）.

120. 崔景贵．社会实践活动与大学生心理健康［J］．当代青年研究，1999（5）.

121. 王晨燕．社会实践在素质教育中的作用［J］．河北青年管理干部学院学报，2000（4）.

122. 高飞．社会实践在创造性人才培养中的地位和作用［J］．山西高等学校社会科学学报，2001（8）.

123. 周志平．大学生社会实践的教育功能［J］．山西高等学校社会科学学报，2003（11）.

124. 陆国宾．加强社会实践环节全面推进大学生素质教育［J］．中国地质教育，2003（2）.

125. 徐维英．加强社会实践教育，全面提高学生综合素质［J］．甘肃行政学院学报，2003（3）.

126. 杨建超，张发钦．社会实践的加强与大学生社会化进程的推进［J］．广西青年干部学院学报，2003（6）.

127. 杨六栓．社会实践活动是大学生素质教育的重要途径［J］．郑州航空工业管理学院学报（社会科学版），2002（2）.

128. 张新来，粟雪．大学生社会实践工作研究［J］．中国成人教育，2007（11）.

129. 吕健．思想政治理论课社会实践实效性探析［J］．辽宁教育研究，2007（8）.

130. 刘平安．论高校学生思想政治教育的重要性及其新途径［J］．教育探索，2007（9）.

131. 张德才．大学生社会实践中应正确处理好的几对关系［J］．教育与职业，2007（35）.

132. 李鹏. 大学生思政教育中非课程教育途径的拓展 [J]. 中国成人教育, 2007 (24).

133. 李海. 加强思想政治理论课社会实践教学的思考 [J]. 思想教育研究, 2008 (7).

134. 何二毛. 试述大学生社会实践的"四三制"模式 [J]. 教育与职业, 2008 (23).

135. 邹柳云. 论社会实践与思想政治教育的有效结合 [J]. 学校党建与思想教育, 2008 (8).

136. 范生姣. 高校思想政治理论课教学与实践相结合的哲学思考 [J]. 贵州社会科学, 2008 (9).

137. 骆郁廷, 杨威. 论思想政治教育的实践根源 [J]. 武汉大学学报 (哲学社会科学版), 2008 (5).

138. 栾伟. 以社会实践促进高校思想政治理论课教学 [J]. 教育与职业, 2009 (6).

139. 胡澜. 和谐视阈下大学生社会实践的德育导向 [J]. 前沿, 2009 (13).

140. 任江林. 深化大学生"三下乡"社会实践活动刍议 [J]. 现代教育科学, 2009 (11).

141. 王志连, 辛文斌. 实习支教: 在实践中加强大学生思想政治教育 [J]. 教育理论与实践, 2009 (31).

142. 王荣德. 从理论与实践结合上创新大学生理想信念教育 [J]. 现代教育科学, 2009 (9).

143. 李同果. 大学生社会实践发展趋势新论 [J]. 学校党建与思

想教育，2009（26）.

144. 唐代清．结合社会实践活动做好大学生思想政治教育［J］．中国成人教育，2009（15）.

145. 余展洪．思想政治理论课社会实践教学实施情况实证分析［J］．思想理论教育，2009（15）.

146. 黄金辉，何建军．社会实践对大学生思想政治教育影响的研究［J］．教育探索，2009（6）.

147. 曹勇，谷继建．略论“职业化”社会实践对大学生思想政治教育有效性的发展——以重庆文理学院为例［J］．学校党建与思想教育，2009（2）.

148. 龙妮娜，谢丽丽．论当代大学生社会实践的创新发展［J］．思想教育研究，2010（10）.

149. 李晓娟，孙楚航．制约社会实践在大学生思想政治教育中作用发挥的因素分析［J］．学校党建与思想教育，2010（32）.

150. 谢晓青．创新大学生社会实践的理性思考［J］．学校党建与思想教育，2010（29）.

151. 曾庆璋．构建社会实践教育体系 提升大学生思想政治教育实效性——以深圳大学的社会实践探索为例［J］．思想理论教育导刊，2010（8）.

152. 房广顺．思想政治理论课社会实践资源的选择与利用［J］．思想教育研究，2010（8）.

153. 宋洪涛，杨宏伟．大学生社会实践与思想政治教育［J］．中国电力教育，2010（7）.

154. 胡澜，李成军．论大学生参与社会实践活动的可行性和有效性［J］．教育与职业，2010（21）．

155. 王智慧．思想政治教育实践性的人学阐释［J］．思想教育研究，2010（5）．

156. 汪子云．关于西部地区大学生社会实践机制创新的几点思考［J］．前沿，2010（7）．

157. 杨玉凤．论思想政治理论课社会实践模式创新——以龙岩学院在校大学生“驻村任职”为例［J］．思想理论教育导刊，2010（2）．

158. 邱柏生．试论思想政治理论课的综合教学实践［J］．学校党建与思想教育，2010（1）．

159. 胡美玲，刘鹏程．高校社会实践活动中的思想政治教育研究——以绥化学院关爱留守儿童活动为例［J］．继续教育研究，2011（12）．

160. 刘凯，王益飞．以社会实践为载体，对学生进行德育主题教育［J］．教育探索，2011（9）．

161. 何勇．社会实践在高校思想政治教育中的作用论析［J］．学校党建与思想教育，2011（25）．

162. 孙楚航．创新大学生社会实践模式的一种尝试——开展大学生“三进三同”社会实践的探索与思考［J］．思想理论教育导刊，2011（4）．

163. 王丽萍，张明志．知行统一命题下的大学生社会实践育人范式探究［J］．思想理论教育导刊，2011（7）．

164. 崔建霞．提升大学生社会实践实效的探索——以北京理工大学工作为例［J］．学校党建与思想教育，2011（10）．

165. 姜建．成论社会实践课程化的价值意蕴［J］．思想理论教育导刊，2011（1）．

166. 徐蕾．大学生社会实践活动现状分析［J］．学校党建与思想教育，2012（32）．

167. 徐建军，胡杨．加强大学生社会实践教育体系的探索［J］．高校理论战线，2012（8）．

168. 余展洪．高校思想政治教育实践教学与大学生社会实践的统合研究［J］．学术探索，2012（8）．

169. 白云，王环．思想政治理论课社会实践教学的思考与建议［J］．当代教育科学，2012（15）．

170. 陈位志．高校思想政治理论课中“微调研”的导入与运用——以“毛泽东思想和中国特色社会主义理论体系概论”课程为例［J］．湖北社会科学，2012（7）．

171. 程馨莹，卢黎歌．试论有效发挥实践活动在思想政治理论课中的作用［J］．思想理论教育导刊，2012（4）．

172. 童志坚，王晓．高校思政教育的社会实践探讨［J］．教育与职业，2013（12）．

173. 孟玲玲．思想政治工作在大学生社会实践中存在的问题及新途径研究［J］．教育与职业，2013（9）．

174. 张宇晴．“中国梦”引领下的高校思想政治教育探究［J］．教育探索，2013（10）．

175. 张育广，王新伟．大学生社会实践的组织管理与运行机制研究［J］．内蒙古师范大学学报（教育科学版），2013（11）．

176. 刘宏宇．高校思想政治教育与大学生实践教育的关系探讨［J］．教育与职业，2013（30）．

177. 张育广．大学生社会实践的实效性评估机制浅析［J］．江西社会科学，2014（4）．

178. 东忠方．新时期大学生社会实践与就业工作的有机结合［J］．教育与职业，2015（12）．

179. 赵欣．社会主义核心价值体系教育视域下的高校社会实践教育［J］．教育与职业，2015（22）．

180. 崔潇．思想政治核心素养培育探究［J］．中学政治教学参考，2016（6）．

181. 田兆富，亓强新．形势下社会实践育人体系探析［J］．教育与职业，2016（14）．

182. 北京中医药大学课题组．以“双色主题”教育为指引构建医学生思想政治理论课实践教学新模式——以北京中医药大学为例［J］．思想教育研究，2017（1）．

183. 葛琎，窦贤琨，祝小迁．社会实践与思想政治理论课有效结合的研究与实践［J］．安徽工业大学学报（社会科学版），2017（3）．

184. 李薇薇．高校社会实践育人机制的建构——基于北京科技大学社会实践育人模式的分析［J］．思想教育研究，2017（7）．

185. 盛林，孙艳美．提升“中国近现代史纲要”课实践教学效果的三个着力点［J］．思想理论教育导刊，2017（10）．

186. 呼和，彭庆红．个体自我教育机理及其实现：以大学生社会实践为研究视角［J］．中国青年研究，2017（11）．

187. 洪晓畅，郑传娟，李鲁静．大学生社会实践活动的思想政治教育功能优化策略研究［J］．思想教育研究，2018（6）．

188. 陈发祥，檀江林，黄志斌．高校思想政治理论课实践教学与大学生社会实践的统筹模式探索［J］．思想理论教育导刊，2018（7）．

189. 冯刚，金国峰．新中国成立70年来高校思想政治教育的发展动力、经验和展望［J］．思想理论教育，2019（10）．

后　记

无论在社会主义革命、建设时期，还是改革过程中，我们党都高度重视思想政治教育工作。新时代人的主体性得到普遍提升，个体价值得到广泛认同，我们要提升思想政治教育的思想性、理论性、亲和力和针对性，需要在思想政治教育工作过程中坚持以人为本的理念，关注教育者和受教育者的个体需要，重视思想政治教育在个体生存和发展中的价值，挖掘社会实践的作用，在把握思想政治教育的个体价值和社会价值辩证统一关系的基础上，合理突出思想政治教育的个体价值。

本书是在作者硕士学位论文的基础上进一步挖掘、提炼、升华成稿的，回忆三年的研究生生活，老师悉心指导，指点迷津，同学互相帮助，共同切磋学术，探讨人生，享受成长与进步的快乐，这三年真是弥足珍贵的时光，与老师和同学的相聚犹如发生在昨天。

本书分为上篇和下篇，主要由王瑞娜执笔撰写，其中，下篇由王瑞娜、李新科共同撰写，全书由王瑞娜负责统稿、校对。

在本书正式出版之际，特别感谢研究生导师的精心指点和同学们的大力支持。另外，在本书的撰写过程中，参阅、引用了很多专家学者的观点和材料，虽然已经在注释中进行了说明，但还要在此表示衷心的感谢！倘若没有这些研究成果的启发，本书难以有现在的认识。在此，向各位同仁致以衷心的感谢！

王瑞娜

2020年3月